おいしいから売れるのではない、売れているのがおいしい料理だ

顾客爱吃才畅销

[日] 正垣泰彦 著

陶小军　张永亮 译

人民东方出版传媒
People's Oriental Publishing & Media
东方出版社
The Oriental Press

图字：01-2019-1467 号

OISHIIKARA URERUNODEWANAI URETEIRUNOGA OISHIIRYORIDA written by Yasuhiko Shogaki

Copyright © 2011 by Yasuhiko Shogaki. All rights reserved.

Originally published in Japan by Nikkei Business Publications，Inc.

Simplified Chinese translation rights arranged with Nikkei Business Publications，Inc.

Through Hanhe International（HK）Co.，Ltd.

中文简体字版专有权属东方出版社

图书在版编目（CIP）数据

顾客爱吃才畅销／（日）正垣泰彦 著；陶小军，张永亮 译. —北京：东方出版社，2019.7
（服务的细节；088）

ISBN 978-7-5207-1057-2

Ⅰ.①顾… Ⅱ.①正… ②陶… ③张… Ⅲ.①饮食业—商业经营—经验—日本 Ⅳ.①F719.3

中国版本图书馆 CIP 数据核字（2019）第 110924 号

服务的细节 088：顾客爱吃才畅销
（FUWU DE XIJIE 088：GUKE AI CHI CAI CHAGNXIAO）

作　　者：［日］正垣泰彦
译　　者：陶小军　张永亮
责任编辑：崔雁行　高琛倩
出　　版：东方出版社
发　　行：人民东方出版传媒有限公司
地　　址：北京市朝阳区西坝河北里 51 号
邮　　编：100028
印　　刷：三河市中晟雅豪印务有限公司
版　　次：2019 年 7 月第 1 版
印　　次：2019 年 7 月第 1 次印刷
开　　本：880 毫米×1230 毫米　1/32
印　　张：4.875
字　　数：89 千字
书　　号：ISBN 978-7-5207-1057-2
定　　价：58.00 元
发行电话：(010) 85924663　85924644　85924641

版权所有，违者必究

如有印装质量问题，我社负责调换，请拨打电话：(010) 85924602　85924603

前　言

我从事餐饮服务业已经40多年了。

从学生时代起，我就一直打零工，最后一份工作是在餐饮店洗盘子。其间，一位好朋友怂恿我说："很想和你一起工作，请你一定要开家店。"于是我在千叶开了一家名叫"Saizeriya"的餐厅。

一开始，我把门店开在蔬菜水果店的楼上，一个很难引人注目的地方。尽管如此，我还自以为"顾客会轻易上门的"，结果完全没人来。

我甚至把门店的营业时间延长到凌晨4点，认为开到深夜就会吸引到顾客，却只是成为当地流氓的聚集地。最后，门店因为几个顾客吵架打翻了煤油炉着火了。这是我开店仅7个月后发生的事情。说句题外话，发生火灾时，我为了让顾客和员工们逃难，一个人留到了最后，当我意识到严重性的时候，自己已经被笼罩在了浓烟之中。后来好不容易才走到便门得以脱险，现在想想，那个时候还真是死里逃生。

没有顾客来，来的净是流氓无赖，到头来遭了火灾。我曾经认真考虑过不再开店，即使开，也要换一个地方。但是母亲说"那个地方（遭火灾的店）对你来说是最好的，请在那里再努力一次"，于是我决定在那里重新开张。母亲告诉我，顾客不来，不要怪地段不好，只要一心一意地努力招揽顾客，就会积累到最好的经验。

但是我好不容易开起来的店依然没有顾客来。虽然说只要商品物超所值，即使地段不好也应该会有顾客来消费，但是我不懂如何重新定价，就暂时把菜单上的价格打 5 折。可还是没有顾客来，我最终降到了 3 折。意大利面的价格降到了 150 ~ 200 日元。

这样打折之后，顾客排起了长队，甚至都排到了蔬菜水果店门口。顾客量从一天 20 人一下子增长到 600 ~ 800 人。我的门店面积是 17 坪①，有 38 个座位，需要换台 20 次。只有一家店怎么也满足不了顾客的需求，我决定在市内再开四五家店，让顾客能到最近的店里去消费。这就是 Saizeriya 连锁化的开端。

这时，我如饥似渴地读了很多经营方面的书。创业初期，都不能给共同经历过酸甜苦辣的同伴们发足工资，如果一直这样下去，今后雇的员工也不会拿到足额工资。众所周知，餐饮业的薪水比其他行业低。所以在四五十岁之前，人们不太可能来做这种工作。

我想把工资提高到和汽车产业等其他行业对等的水平，也

---

① 1 坪约合 3.3057 平方米。

想在员工退休之前给他们发放足额的工资。这是我最先考虑的课题。所以我拼命思考了如何能确保门店有足额的利润。

而销售额＝顾客量×人均消费额。如果为顾客考虑，就不能提高人均消费额，只能增加顾客量。为了受到更多人的欢迎，就要把顾客量增长到现在的 1000 倍，所以我考虑开 1000 家分店。现在我的门店在日本国内已经开了 860 家，在海外大约有80 家，并且主要在中国。我相信距离开 1000 家店的目标已经不远了，而且我可以自豪地说，我们的工资水平至少在业界是最高的。

这本书是由我受邀在《日经餐厅》上连载的文章汇集而成，哪怕只有一点点帮助，我也希望能把之前 40 年来的经验传授给餐饮界的各位同人。看起来餐饮界已经有很多家形成垄断之势的连锁店，但其实不是这样。不管是日本料理、西餐还是中国菜，都仍然有不小的市场，只要你拥有畅销料理，就有可能像我一样开 1000 家连锁店。如果你不打算扩大规模，而是只开一家店，只要主厨能提供特别讲究的料理，也会有不错的机会。这是因为顾客在就餐时有很多选项，这本身就能体现出社会的"富足"来。人类一直都想拥有一个富足的社会，今后也会继续这样想。所以餐饮店应该也会多样化、细化起来。

但是，你决不能认为"自家店的料理最好吃"。我认为这是悲剧的开始。因为"一旦认为自家店的料理最好吃，你就只会把卖不出去的原因归结于顾客不好、经济不好",这样就不可能进行改善了。所谓生意,就是以讨顾客欢心的形式继续对社会做出贡献。

换句话说,"好东西肯定畅销……"这一想法,与以前的世界观——太阳和行星围绕地球旋转的"天动说"一样无知。我们必须为之努力的不是根据我们自身的情况来看世界,而是要去看事物的本质。科学会通过实验告诉我们有些假说(信念)是错的,正确的往往处于"天动说"那样以自我为中心看待事物的相反面。

但我们实际上不可能明白世间发生的一切事情,这是事实。不过可以清楚知道的是,一切有形和无形之物都在不断变化之中。量子力学认为,一切物质都处于"和谐"的状态下,同时正朝着新的"和谐"状态变化。也就是说,世间万物都永远在向更加良好的状态变化。我们也应该向着更加良好的状态不断前进。

我们要谦虚接受目前的现实,真正弄清楚顾客到底对什么满意。在无可替代的人生中,想通过做生意为社会做贡献、和朋友一起开心工作的商业人士,若能从本书中稍有收获,将是我的无上荣幸。

2011 年 6 月　正垣泰彦

目　录
CONTENTS

第 1 章
"增加顾客量"就是一切
——以顾客为中心看待事物

1

第 **2** 章
为了确保利润充足
——最重要的是构建能赚钱的机制

第 **3** 章
领导和团队的存在方式
——人之所以努力是因为能帮助别人

第 **1** 章

"增加顾客量"就是一切

——以顾客为中心看待事物

即使削减工资也要打造核心商品

在经济不景气的情况下，最重要的不是保证营业额，而是消除浪费。周围的店都在降价时，即使想要营业额也不应该轻易降价促销。由于竞争对手轮番上阵，从某种意义上来说，现有的店的营业额下滑是一种自然态势。

所以 Saizeriya 没有给店长设定营业额目标。店长的工作是控制人工费、水电费之类的开销。门店的营业额是由"地段""商品""门店面积"来决定的。营业额不好应该是开发商品的总公司的责任，而不是店长的错。

如果对店长说"你要想办法提高营业额"，那他只能花钱搞促销。做广告宣传和促销，虽然能暂时增加顾客量，但员工会因为顾客量激增而不习惯工作，疲惫不堪。虽然有些店会一股脑儿地搞促销，上市一些灵光一闪的创意商品，即使短期内增加了营业额，生产效率也会下降，长此以往，会削弱店的竞争力。

大部分人认为只要增加了营业额，利润也会增加，其实不是这样的。利润=营业额-开销。**即使营业额不增加，如果能消**

除浪费，削减开销，也会增加利润。经营者日常的目标应该是，即便在减少营业额的情况下也能增加利润。如果经营者为营业额下降、无法赢利而苦恼，相当于以前做了很多无用功。

可是，经营者在经济景气的时候不会注意到这些浪费，所以应该把经济不景气看成重新认识浪费的机会。这样一来，当经济复苏、顾客回归的时候，利润就会大幅度提高。不管人均消费是多少、商圈有多大，对任何类型的餐饮店都是这个道理。

那么，如何才能消除浪费呢？

最有效果的做法，不是想着改善什么，而是停止以前做的事。

说到餐饮店，精简菜单最能减少浪费。同时，还要制作出只有自家店才能供应的优势料理。只有精益求精、潜心钻研，才能提供出物超所值的料理。

很多店考虑到"竞争对手都有这种料理"，所以不去精简菜单。但是我觉得，自己有制胜法宝才是最重要的。增加菜品数量，就无法集中精力制作可以制胜的商品，所以很难做出优势料理，对顾客的吸引力也会变弱。

也就是说，只有精简了商品，才更容易让顾客觉得物超所值。首先要打造出两到三成顾客都会吃的"核心商品"，并不断钻研下去。在 Saizeriya，299 日元的"米兰风格奶汁烤饭"之类的商品，就相当于"核心商品"。

　　精简料理不仅会减少食材的浪费，也会提高工作效率。减少了浪费，利润也会大幅上涨。这样一来，一部分利润就可以回馈给顾客，即降价。于是门店就会更受顾客欢迎，来店消费的顾客量也会增加。也就是说，通过削减浪费，打造出物超所值的商品，就会受顾客欢迎，最终增加营业额，所以一开始就不需要降价销售。反过来说，价格便宜却没有价值的商品，即使能暂时引起顾客的关注，也不会长久销售下去。

　　另外，我想在这里介绍一下，在个体经营和中小型门店中也有从无到有形成"核心商品"的独特秘方。其实我也经历过，这个方法就是店老板通过削减自己的工资来回馈顾客。

　　我自己在创业初期基本上没拿过工资，吃饭也都是用店里剩下的食物凑合，多亏如此，我们店才成为一家客源不断的人气店。与我和同伴共同创业的 40 年前相比，现在的顾客更注重物美价廉的料理。我觉得这到现在依然是十分通用可行的办法。虽然当时我是单身，但即使结了婚，我也会这样做。如果家人也工作赚钱的话，就算自己没有工资也应该可行。要想制作出只有自家店才能提供的"核心商品"，经营者必须有这种觉悟。

顾客追求的"美味"因店而异

"做出的料理不好吃，为什么会那么火？"

不少经营者去考察好评店后，会发出这样的疑问。但这种想法是错误的。

为什么呢？因为对顾客来说，料理的"好吃""难吃"不是单纯地由料理的味道和食材决定的。意识到这一点的经营者却格外少。

顾客觉得这家店的料理好吃后还会不会再来，是由料理的质量以及是否契合顾客的用途来决定的。当吃到与自己用途相符的料理时，顾客就会觉得"好吃"，不相符就会觉得"难吃"。这样想来，你批评竞争对手说"虽然味道浓厚香醇，但不正宗"之类的话，也几乎是没有意义的。也就是说，仅评论味道是毫无意义的。

如果你考察的店明明味道不怎么样却很火，那就应该想一想，因为那家店很符合顾客的用途，所以顾客觉得店里的料理很好吃。另外，如果你明明对自家店的料理很有自信，顾客却很少来，那很可能是因为你店里提供的料理和顾客的用途有偏差。

用途是根据顾客的 TPOS（Time＝时间、Place＝地点、Occasion＝场合、Style＝随意或正式的风格）来分类的，如想填饱肚子、想在正式场合用豪华晚宴庆祝特别的日子、想吃美味的鱼、想和喜欢喝酒的朋友一起喝珍贵的红酒等。用途不同，顾客追求的东西也自然不同。

比如，Saizeriya 是提供每天都要吃的家常菜的店，所以发挥食材原本的味道很重要，不需要额外调味。这样做就会让人觉得每天都吃不腻。

另一方面，那种顾客只在正式场合半年或一年才去一次的餐厅，厨师会对食材进行加工后给顾客提供口味丰富的料理。这样的店顾客也许一年才去吃一次，所以味道重一些也可以。它比平常去的店价格要高，顾客也能接受它的味道。

试想一下，我们暂且不考虑价格，把前者和后者的料理交换一下出现在各自的店里，会怎样？如果顾客在 Saizeriya 经常吃正式场合才吃的餐厅料理，可能因为口味太重望而却步。反之，因为 Saizeriya 的料理味道简单，对那些期待厨师做出口味丰富的料理的顾客来说，也会辜负他们的期望。

那些顾客觉得"美味"的料理如果像这样出现在与顾客用途不符的店里，就无法受到顾客的欢迎。顾客追求的料理"味道"实际上因店而异。

所以对于门店最危险的做法是，在应对经济不景气的时候，不惜降低料理的质量来降低价格。如果门店制作料理不再与到店顾客的用途相符，就会辜负顾客的期待，导致顾客流失严重。一旦决定降价，就应该锁定优势商品来消除浪费，同时还要明确知道顾客什么时候会来消费。

用途不同而共生共存的现象在流通业很常见。比如，百货商店和GMS（综合超市）虽然都卖衣服、内衣、鞋子之类的东西，但是品牌（价格、质量）不一样。这就是对用途的分类。顾客极少使用的高档货在"百货商店"，日常生活的必需品在"GMS"，集中廉价销售的日用品在"折扣店"，一次性商品则在"百元店"。

街上曾经的鱼店和蔬菜水果店都已经消失了，取而代之的是GMS，这也是因为比起根据生产者的情况分别开店，把日常生活必需的东西集中在一个地方，形成与顾客用途相符的店，更让顾客觉得方便。社会越富足，消费者越会根据自身的用途来选择商店。餐饮店也是如此，今后顾客的用途可能也会越来越多样化、细化。

顺便说一下，"Saizeriya"一直在探讨比现有的家庭餐厅价格更低廉的新业态。将来，就算在现有店的周边开店，应该也不会出现互相抢夺客源的现象。为什么呢？因为现有店和新业态店的用途不一样。"Saizeriya"是朋友和家人共享进餐的地方，而新业态店是快餐，是为那些想快点结束用餐的人设计的。

这里有一个根据消费者用途分别就餐的例子，它就是意大利的"餐吧"（接近咖啡店的业态）。店内有桌子位和站位两块空间，同一种料理站着吃比坐着吃更便宜。这样一来，虽然大家看起来都是站着就餐，但也有坐下来好好吃饭的顾客，于是在一个店内，可以两种用途并存。

有些店成了顾客特定用途的店之后，或许会降低与之不相符的顾客的到店频率，但应该也能获得比过去更多的其他类型的顾客。

现在，餐饮店已经完全处于饱和状态。**在社会越来越富足的过程中，餐饮店增加得过多。选项增多了，消费者当然会根据自身的用途来选择餐饮店。这对消费者来说很方便，因为能切实感受到社会的富足。**

因此，你应该让餐饮店重点关注顾客特定的用途，并在今后继续增加这样的店。我认为这才是 21 世纪餐饮店应有的模样。

看透事物本质的方法

在进行某种改善的过程中，取得成功是因为采取了正确的行动。我认为这是按照事物自身的"原理"行动的结果。

例如在餐饮连锁店，连锁经营理论可以说是其连锁化的"原理"。但是，按照这个"原理"来经营是非常困难的。

原因是，人在思考问题的时候，会容易以先例或成功经验为前提推导出适合自己或对自己有利的结论（经营判断）。

比如，当经营者细数自家门店料理的时候，往往会认为最受欢迎的料理是"因为好吃所以畅销"。并由此进行以下经营判断：这个畅销料理有竞争力，要搞促销以便卖得更多。但这是从自己掌管门店的经验中得出的一种片面结论。

假设同一款料理在附近一家旺店能比自家店多卖出好几倍。

在这种情况下，自家店的人气料理或许不是因为有魅力而畅销的，可能是因为比自家店的其他料理好吃，顾客不得已选择这个料理。当然，经营者在招牌菜的促销上可能会失败，更应该优先努力提高料理的质量才对。

出现这种情况的问题点是，经营者觉得自家店里的料理很好吃，是在无意识中推导出的有利于自己的结论。所以不会去想着确认附近旺店的动向。

以自我为中心考虑问题是行不通的。

社会普遍认为这种失败是绝对不会消失的。但是，只有"看透事物本质"，理解我所说的"原理"，才能提高做出正确经营判断的可能性。

为此，你要观察店里发生的一切现象，尽可能置换成数值或客观数据，并思考其中的因果关系。

作为其中的一环，我从创业初期，就把是否受顾客欢迎置换成"顾客量"这一数值来思考问题。如果顾客喜欢这家店，应该会再来，所以与其抽象地说"要提高顾客的满意度"，顾客量这一数值倒是更具客观性。如果通过某种尝试增加了顾客量，则可以认为这种尝试是受顾客欢迎的正确行动而继续做下去。如果顾客量下降了，就要承认这是个错误的行动，应该停止。

以这种想法为前提不断进行 PDCA（计划 Plan—实行 Do—检验 Check—改进 Act）循环的行为，就是不依赖直觉的科学经营行为。但是无论什么样的思考，都会有几次出错的时候。

你此时在思想上重要的准备是，要不断自我警戒自家店里的料理和服务并没有什么了不起的。这样，在调查问题点的时候，就会减少把问题归结于"地段不好""经济不景气"等外部原因而导致判断错误的情况。

令人不可思议的是，很多经营者在大难临头的时候，反而更能做出正确的经营判断。这或许是他们迫于无奈、没时间把原因归结于他人，而把问题归结于自己并由此去面对各种困难的缘故吧。

另外，你在观察某种现象的时候，不仅要去想"为什么会发生这样的事情"，还要反复自问"自己为什么会这么想"。这样一来，自己的想法就会从"卖得不好是因为地段不好"变成"自己难道不是把销售不振的原因归咎于地段了吗"，再变成"试着调查一下地段不好生意却很兴隆的相同规模的店吧"，从而做出正确的经营判断。

习惯了这样的思考方法后，你就能看见以前看不见的东西。以商品开发为例。

你首先要尝试依次写出店里的菜名，然后在菜名的旁边写出使用的食材。敝公司的"米兰风格奶汁烤饭"的旁边就写着大米、牛奶、黄油……

你写出所有的菜单后，就应该能知道大部分顾客都会吃的食材了。或许就是鸡蛋和洋葱，或者水和大米之类的东西。

大部分人都是从"如何让每个菜多卖一些"的角度来思考问题的。但是你要认识到，假设把"如何让每个菜多卖一些"变成"顾客会吃什么食材"这一数据，然后从顾客最常吃的食材入手，依次去提高它们的质量，对提高店里料理的销售量更有效果。

在客观事实的基础上进行假设、实行和检验，这才是科学的方法。无论是科学家还是餐饮店的经营者，同样都要知道自己的无知，而且在事实面前必须谦虚。

给顾客安全感的定价

最近，越来越多的小酒馆把所有菜品统一定价为 300 日元左右，并以此为卖点。点任何料理都同价的安全感或许能得到消费者的支持。

不知道要花多少钱，的确会给消费者很大的压力。但是，我们要在商品定价上想办法消除消费者的这种苦恼。

关键是不要过分拉大商品之间的价格差。

具体而言，根据"意大利面""比萨""奶汁烤饭"等料理的种类，同类商品中最便宜的料理和最贵的料理之间的价格差要控制在 2 倍以内。在 Saizeriya，意大利面中分为多个菜品，最便宜的"布伦奇诺"是 290 日元，最贵的"森林蘑菇意面"是 490 日元，同类商品的价格差控制在了 2 倍以内。

价格差控制在 2 倍以内，就会给顾客一种店铺没有胡乱要价的印象。这样顾客就可以放心点菜了。另外，各种菜品的下限价格应该是多少，要根据门店是经营家常菜还是正式场合的豪华晚宴之类的档次来决定。应该去调查参考一下自家店的周边有同样经营方式、同样档次的旺店的价格。

顺便说一下，消费者能毫无压力支付的金额在早中晚吃饭的时候也各不相同。

按照早中晚的顺序，比例是1：2：4。中午花500日元吃便餐的人，晚饭能毫无压力地付到1000日元，早饭则是250日元。

我对流通行业进行"竞争对手调研"后发现，超市正在使用这种定价方法，比如牛奶和豆腐之类的商品，同类商品中最贵和最便宜的价格差都控制在2倍以内。超市一开始或许并不是有意这么做的，而在多次反复撤去卖不了的商品，并投放可能畅销的新商品的过程中，把价格差拉到了2倍以内。

反过来说，如果顾客允许同类商品的价格差在2倍以内，就不必太在意去统一价格。与之相比，制作两到三成到店顾客都会吃的"核心商品（Saizeriya的核心商品是299日元的'米兰风格奶汁烤饭'等）"，并不断考究商品价值和工作效率，反而更加重要。

要意识到商品有3种类型

除了标价外，我们看一下超市的商品种类，会发现很有趣的现象。**那就是，商品可以分为"即使放着不管也能畅销的商品""店里想卖的商品""虽然卖不出去但是没有就不好办的商品"3种类型。**

所谓"即使放着不管也能畅销的商品"，就是指常规商品，放在陈列架的下层。因为卖得很好，所以没有必要宣传，放在下层也容易进行补货。

所谓"店里想卖的商品"，就是建议顾客购买的话会很划算的商品。这些商品和购物的人视线等高，很显眼，放在货架的中层。

所谓"虽然卖不出去但是没有就不好办的商品"，不是所有人都会接受的商品，却有一部分忠实的粉丝。只要有这类商品，商店就会给人一种商品种类丰富的印象。它们放在货架的上层，一抬眼就能看见的位置。

其比例依次约为6∶3∶1。如果餐饮店也按照商品类别有意识地根据这个比例来准备菜单，就能显示出料理种类的丰富性，同时还不会增加"要死不活"的料理种类。

"Saizeriya"店里使用了正宗火腿（意大利产的火腿）的"生火腿比萨"（609日元）之类的料理就是"店里想卖的商品"。顾客用600日元左右的合理价格，就能吃到新品比萨。

"虽然卖不出去但是没有就不好办的商品"的典型例子是"墨鱼意大利面"（499日元），一旦停止供应，粉丝们就会投诉。另外，意大利餐后酒"格拉巴"（370日元）也是这类商品，顾客看菜单的时候，能让顾客感受到我们作为一家意大利料理店对种类的讲究，能让我们觉得顾客会说"甚至有这些商品啊"就足够了。顺便说一下，"即使放着不管也能畅销的商品"的代表是米饭和饮品。

另外，关于菜单，比起菜品的数量来，更应该注意到使用食材的数量。食材的损耗增加，工作效率下降，很多情况下不是由菜品的数量导致的，而是因为使用的食材种类增加了。

但是，如果出现像"虾仁沙拉"和"海鲜沙拉"这样非常相似的商品，要试着放弃其中一个。如果这样做没有减少沙拉这个类别的营业额，就放弃这个商品。这是因为店里本来打算供应两种沙拉，顾客却把它们看成同一种沙拉了。

麦当劳是需要注意的宝库——门店调研的秘诀

在餐饮店的经营者中，有的人在调研过其他店后，认为"这家店是个大企业，所以它能这样做，而我们模仿不来"，从一开始就放弃了学习，或者只知道挑毛病。说得严重一点，这样的人不适合当经营者。

为什么呢？因为在当今这个变化激烈的时代，应该越来越重视"竞争对手调研"才对。

与其一个人苦恼"为什么营业额没有提高""能不能获利更多"，不如去调查营业额和利润高的门店。通过思考它和自家店有什么不同，为什么不同，我们就会清楚自己今后应该做什么。所以，我来告诉大家我自己的调研秘诀。

首先是选择去调研的门店。去与自家店经营方式和经营姿态不同的店，很容易弄明白其中的差异。顺便说一下，也要去调查一下与自己行业不同的大型便利店和超市中畅销的商品，这样可以了解消费者的喜好并将其作为参考。甚至还能从优衣库等专卖店中得到很多启示。

大前提是你要放下姿态去调研和学习业绩好的地方。如果是上市公司, 你可以从有价证券报告书中知道它的营业额增长情况、利润率、门店数量和员工的生产效率, 所以一定要事先调查清楚。必须清楚为什么要去那家店调研。

另外, 在调研连锁店的时候, 它的门店数量要比自己公司多 10 倍、100 倍, 甚至 1000 倍, 越多越好。因为在拥有众多门店的连锁店里, 经过长年累月的改善和标准化操作, 应该只剩下了那家店的顾客认为 "这是最重要的" 东西。个体经营的门店有很多内容值得从连锁店那里学。

我最想让大家去调研的地方是 "麦当劳"。它在全世界有 3 万家门店, 是世界最大的餐饮连锁店。我至今也非常喜欢去麦当劳调研, 总有新发现。日本国内就不用说了, 到美国的时候也肯定会去当地的麦当劳调研。

在实际调研门店的时候, 我建议大家在 "商品" "设备" "操作流程" "地段" 等 4 个方面分别写出 100 个分项。

例如, 设备方面要检查入口的形状、墙壁、地板、照明、垫子、员工的制服等目之所及的东西。铺在地板上的垫子是什么尺寸、什么颜色、什么材料等等, 换算成数值时要尽量写得具体一些, 这很重要。

再者, 有人可能会觉得 100 个分项的数量太多了, 但是习惯后就能马上写出来, 所以不用担心。

下一步是针对记录的分项去思考为什么那家店这样做,

为什么与自家店的做法不同之类的"因果关系"。最重要的是协商，如果是个体店的经营者，应该和配偶或家人一起去调研。彼此分担任务式地考察门店，互报结果，一起思考建立"假说"。

顺便说一下，在考察、商议后，没必要去那家店询问自己的假说是否正确。本来有时连当事人都不可能正确理解其中的缘由。如果艾萨克·牛顿不自己思考苹果从树上落下来的原因，而去问农夫，农夫肯定会告诉他"是因为苹果熟了"，这样就发现不了万有引力定律。

最后，根据商议的结果来决定自家店应采取的措施。秘诀是把该做的事情分成 3 个阶段来考虑。具体来说，是指"需要很长时间去实现的理想方案""稍微花点时间的方案""马上就能做的方案"。

将前两者分别列入长期经营计划和中期经营计划，然后用两三个月的时间来实现"马上就能做的方案"。如果不像这样根据难易程度分成 3 个阶段，只提出一个大目标，就会一事无成，反而把目标忘个一干二净，所以我想提醒一下大家。

定期去拜访一次那些写有几百个分项的店也很重要。从第二次调研开始，只写出不同于上次拜访时的内容就可以了。正是在这些微妙的变化中，才有可能抓住不同时代潮流下的巨大启示。

　　一般的调研或许只能了解门店的表面内容，而在反复考察门店，探查因果关系，并做出决定的过程中，能看到一个生意兴隆的强店背后的"机制"。

　　我把这种方法也教给了 Saizeriya 的员工，并让他们去实施。我们公司没有对店长设定营业额目标，但他们会不会去调研其他门店，能否提出改善现场的方案，却是评价他们从店长的职位上能否继续晋升的重要指标。

做出畅销料理的两大原则

有些店为了做出畅销料理，一味地引进时下流行的料理，最后甚至改变营业模式，这是错误的。所谓畅销料理，不是简单地模仿别人，而是通过打磨自身门店的优势做出来的。

回顾一下日本餐饮的历史，曾经有过一段全盛期，法国菜、意大利菜、烤肉、回转寿司等各类门店急增，顾客也鱼贯而入。

最近，成吉思汗烤肉①也是如此。某种料理成为热点并流行起来，是因为时下很少有门店制作出符合消费者需求且价格合理的料理。而门店一旦被关注，掀起潮流，提供这种料理的门店就会急增，但终归会饱和，从而形势严峻、惨遭淘汰。

顺应潮流的餐饮店都想做出畅销料理，提供流行的料理。这种做法虽然能暂时吸引顾客来，但无法长期持续下去。要是这样，与其想着去追赶潮流，引进畅销料理，倒不如设法去钻研某个特定的料理，因为这样的话，长远来看，自家门店一定会做出不输旁人的畅销料理。实际上，我执着于意大利菜也是

---

① 成吉思汗烤肉：由羊肉作为主料制成的日本北海道乡土料理。

这个原因。

对于个体经营的店来说，要想长久，就不要赶时髦，这一点很重要。一旦热度消去，经营者、员工以及他们家人的生活也会难以稳定。包括 Saizeriya 在内，想长期持续一种经营方式的门店，要想做出畅销料理，需要探究接下来的两件事情。

即①"开发物超所值、美味可口的食材"和②"开发使料理更加美味的烹饪方法"。这听起来也许理所当然，但如果能做出比任何地方都物超所值、美味可口的料理，那么他家的料理必定畅销，大卖特卖。

就①开发食材而言，Saizeriya 开发了符合自家料理要求的番茄和生菜之类的蔬菜，最近还想办法调整奶牛的饲料，开发出了适合制作奶汁烤饭白酱的纯牛奶。

普通的餐饮店做不到这种程度，但是我曾经能够做到每天早上 4 点去菜市场进购食材，选购出最适合自己的优质食材。创业初期，我都是亲自把进购的食材送到店里去。因此我发现，当送上 10 家门店后，新鲜的食材就开始慢慢变质。这一经历开始让我建立了一种机制，食材从农场发货后，在运送卡车上、物资供应站（中央厨房、工厂），直到店内后厨，温度都要保持在 4℃，以维持蔬菜的新鲜度。

就②开发烹饪方法而言，Saizeriya 执着于在平底锅和烤箱里烤制料理。每家门店都有自己的厨师，也应该都有引以为傲的烹饪技术，所以应该集中制作发挥各自强项的招牌菜，并且提高包含工作效率在内的完成度。不这样做，好不容易研发出的料理就算畅销，也保证不了质量，结果就无法成为顾客长期喜爱的料理。

"低价销售" 和 "物超所值" 有所不同

对于符合当地需求的门店而言，进行被称为"人口统计学"的人口统计分析也很重要，要分析门店所在街道的人处于哪个年龄层。因为随着年龄的增加，人的口味也在变化。

比如在超市和小卖店销售的卡路里、盐分和糖分较少的健康食品，其销售程度可以作为参考。另外，研究旺店的菜单，是制作畅销料理的根本。虽然不可轻易追赶潮流，但不可否认的是，畅销商品中必定存在某些启发。

不过，在流行低价销售的时候，降低价格让人觉得很便宜是危险的。**物超所值的料理并不是价格低廉，而是它的质量超过"这个价格要有这个价值"的水准**。所以，与价值不符的料理即使降价也不会畅销，只是作茧自缚罢了。

我一直都认为"美味的料理"就是"畅销的料理"。

Saizeriya 的畅销料理"米兰风格奶汁烤饭"至今在"气味（饭前的香气）"、"口感（味道）"、"风味（饭后的香气）"上改良了上千次，反复微调过。虽然顾客吃不出来，但受此影响，点单量有所增减。

另外，达不到我预期的情况也绝不少见。

不过没有关系。**因为好不好吃是由顾客而不是我来决定。**

面向大商圈和面向小商圈的味道

我认为这世上不存在"绝对好吃"的东西。正如口渴的时候会觉得水很好喝一样，身体状态不同，美味也不尽相同。

正因为如此，在做生意考虑料理味道的时候，有必要把"美味"换算成可供计算的数据。

餐饮店的员工常常会问顾客料理的味道"怎么样"。如果顾客笑着回答"很好吃"，对他们则是无上的鼓励。如果顾客真的觉得好吃，一定会再来。

所以，我们可以认为"美味"等于"顾客量"。顾客量增加就说明那家店的料理好吃。反之，顾客量减少说明料理不好吃，所以应该采取些对策才是。

在考虑"美味"时，重要的还有商圈的大小。门店的商圈是由过半数的顾客源决定的。

如果门店的大半部分顾客开车或步行需要 20 分钟以上，那无疑是一个大商圈。因为顾客是特意来的，所以厨师必须想方设法提供不常见的珍馐美味。并且，顾客特地从远处赶来，所以价格高一些也没有关系。不过顾客光顾门店的频率就会变低，这可以由商圈的规模来弥补。

另一方面，小商圈的门店必须让周围的人每天都来。人们每天吃都觉得好吃的食物一定会每天都来吃。有代表性的食物是早餐。

说到早餐，你脑海中肯定会浮现出米饭、面包、味噌汤、鸡蛋、火腿、香肠、奶酪、纳豆和海苔吧。这些食材的共同点就是味道简单。早餐使用的食材多是统一加工的，质量没有太大差别。

另一方面，举一个不常吃又美味的料理的例子，就是使用加有脂肪的牛肉或者富含油脂的牛肉制作的料理之类。因为厨师在调味上下了很大功夫，所以肯定很好吃。

但是，这种有着强大冲击力的料理并不能每天吃，相反，使用脂肪少的肉制作的简单料理，每天都可以吃。这样很容易让我们想到，不同的商圈有不同的料理。

也就是说，大商圈的门店不能没有不常吃的料理，虽然顾客来店的频率会变低，但价格却可以变高。另一方面，小商圈的门店必须提供像早餐一样简单的料理，让同一批顾客频繁光临，当然价格也要相应地降低。

反言之，做简单料理可以提高顾客的来店频率，即使在小商圈，也能让门店运营下去，但同时必须降低价格。所以，吃不厌的简单料理，比起晚餐来，更适合午餐；比起午餐来，更适合早餐。

实际上，Saizeriya 在增加门店数量的过程中，每家店的商圈都是越来越小。这样一来，就必须提高顾客的来店频率。我认为这事可行的原因之一是，想办法解决蔬菜的供应和加工等问题后，能够提供更为简单健康的食材。于是，我们原本是做晚餐的店，中午来吃饭的顾客也渐渐多了起来。由于精心挑选更加健康的食材，我们估计，今后来吃早饭的顾客也会增加。

顺便说一下，在经营到三四家店的时候，我曾经对"这道菜真好吃""香醇可口"之类的主观抽象的"美味"评价抱有疑问，也想过很多方法，比如能不能将好吃的程度量化等等。

结果，就产生了量化评价料理和食材"美味"的方法，具体分为"卖相（外观）"、"气味（饭前的香气）"、"口感（味道）"、"风味（饭后的香气）"、"价目（价格）" 5 个要素。将评价"美味"放入"价目"中，是因为如果料理没有物超所值之感，顾客就不会觉得好吃。

每个要素我都给 1~4 分的得分，满分是 20 分。5 个要素在分数的分配上虽然相同，但本身并没有什么特别的含义，只是起到自己记录各个要素的数值，和其他料理或食材进行比较的作用。

这样量化后，我发现造成差异的是"气味"和"风味"。说到气味，当蔬菜不足的时候，就很容易觉得柠檬等身体中缺乏的营养成分散发的香味"美味"。关于风味，土壤、草、香草等常在身边的东西制造的气氛会获得较高的评价。这是我现在的一种假说。

●根据商圈的大小来更换要销售的商品

在大商圈开的店	商圈的大小	在小商圈开的店
低	顾客来店频率	高
贵	价格	便宜
不常吃	味道	常吃

流行的料理未必畅销

Saizeriya 在 2010 年 3 月进军九州。现在（2010 年 7 月）已经在那里开了 4 家店，我感受到了九州食文化的丰富和奢华。

中国广东省因丰富的食文化而闻名，甚至有"食在广州"的美誉。我们在该省的深圳市周边开了大约 20 家店，顾客都是成群结队地共同点上很多盘菜分着吃。**尽情地吃自己想吃的东西，是"混搭"的乐趣所在。顾客自行选择料理，自由地在一起享受就餐的过程，会让他们感到十分幸福。**

就像中国的这些顾客一样，在九州的顾客中也有不少人很享受"混搭"就餐的形式。并且我一直认为，餐饮店在考虑菜单时注重顾客能自由混搭用餐的商品价格和种类，是最为重要的。

我这样想，是因为在 45 年前的意大利餐厅中受到的文化冲击。

当时的日本理所当然地认为，要根据门店的情况选择将料理搭配成 A 套餐或 B 套餐提供给顾客。而在意大利餐厅，顾客可以选择所有自己喜欢的"冷菜"、"头道菜"中（意大利面等）、"二道菜"（肉或鱼等）、"甜点"、"餐后酒"、"咖啡"等。

甚至连水都可以选择加气还是不加气。我也想在 Saizeriya 为顾客实现这种自由选择的"幸福"。

要想让顾客放心地选择料理，门店必须形成顾客不看价格就能点单的状态。例如，如果"头道菜"中的意大利面价格高达 1200 日元，顾客就没有心情点其他菜了。

也就是说，必须降低单品的价格。定价的时候，要参考这个国家最畅销的消耗品的价格。如果顾客舍得花钱购买一次性商品，那么就会毫无抵抗地用差不多的钱去支付吃饭的费用。例如，以前的周刊杂志和香烟的价格在 200 日元左右，Saizeriya 就以此作为参考来定价。另外，根据连锁经营理论，商品种类叫"assortment"，思考准备用哪些商品来充实商品种类并进行开发商品的行为叫"merchandising"。

肚子饿的人会选 1 道菜作为零食，早餐会选 2 道，午餐会选 3 道，晚餐则会选 3+α 道，还会选红酒之类的饮品，门店要给顾客创造出他们便于混搭的环境，这一点很重要。

并且，最均衡的料理组合或许就是人们自古以来就吃惯了的组合。所以，Saizeriya 只提供意大利西餐，其中还能形成各种混搭。为了起到相乘的效果，Saizeriya 甚至还会选择料理的食材和调味品，来搭配本公司提供的红酒。

如果去除时令菜，就几乎没有什么可选的了。如果因为在社会上很畅销就引进日本料理和中国菜中的人气菜品，顾客也就享受不到我们以"意大利菜的丰富性"为由提出的料理可以混搭的乐趣了。

例如,如果加了辣油的料理畅销,普通的餐饮连锁店就会立马推出这种新商品。这是理所当然的判断。但是 Saizeriya 不会推出放辣油的料理。因为推出后也许会一时畅销,却不能和其他料理或红酒相称,顾客就享受不到混搭的乐趣了。

比起顾客分别点餐,重视顾客能不能享受到混搭带来的乐趣,或许是 Saizeriya 与其他餐饮连锁店最大的区别。

当然,我们也一直在"开发"新品。我们所说的新品开发,常常指对已有料理的食材和烹饪方法进行改良。特别是食材,我们也有从种子阶段进行开发的情况。我劝大家要酌情检验目前的食材是否真的符合自己店提供的料理的要求。顺便说一下,如果顾客想吃 Saizeriya 以外的料理,可以让他们去其他店。我认为顾客根据自己的用途来灵活利用各种店,体现的正是社会的"富足"。

从这个意义上说,选择料理与选择衣服相似。例如,婚礼上穿礼服,工作时穿套装和工作装,去附近买东西穿 T 恤衫和牛仔裤。即使礼服使用的布料价格高,也不适合穿着去附近买东西。归根到底,好的商品是由能否符合顾客的用途来决定的。开发新品的时候,我们应该首先考虑什么样的料理适合自家门店。

制造业专业记者撰写的分析报告

——彻底解析 Saizeriya 式的改善情况

（引自日经 MONOZUKURI 2010 年 3 月刊，

专业记者是其刊载本文时的职务）

有的餐饮连锁店会被消费者说："在那家店人均消费 2000 日元以上是极其困难的事情。"主打意大利面和比萨等商品的意大利料理家庭餐厅"Saizeriya"就是这样一家店。

这也是理所当然的事。因为这家店使用了番茄酱和乳花干酪的"玛格丽特比萨"仅售 399 日元，添加了土豆、蔬菜、煎鸡蛋的"汉堡牛肉饼"也仅售 399 日元。在这些商品中即使加了沙拉和饮品，消费金额也不会超过 1000 日元。而且和其他店相比，分量也没有少，质量也不差。"性价比如此高"，很受消费者的青睐，甚至有些分店在午餐时都要排队。

把该连锁店推广到日本各地的，是和店名同名的"Saizeriya"总公司（总公司位于埼玉县吉川市）。在这个经济萧条的时期，它能够实现高速发展，不仅仅是因为设定的价格低。也有其他连锁餐厅设定了同样的价格，却几乎都发展不利。

那么，为什么"Saizeriya"能成为赢家呢？最主要的原因是前文提到的高性价比，在让消费者觉得不是"便宜没好货"，而是"又便宜又好吃"方面取得了成功。这家公司的基本方针之一是"原材料费绝不吝啬"（公司总经理堀埜一成）。事实上，该公司的成本率为 35.5%（2009 年度结算），比其他竞争对手高出至少 4 个百分点。

该公司削减的是原材料费以外的成本。从食材的调运，到工厂的烹饪，再到门店为顾客提供食物的整个过程中，该公司排除了所有浪费，实现了低价格。该公司在削减成本上的努力，对制造业来说也很有参考价值。因为餐饮业经营的产品都是食品，在以下两个方面比制造业有更加苛刻的条件。

第一，食品和电器产品、机械零部件不同，放一放就会变质。努力将生产准备时间减少到极限是不可缺少的，在运送时还要进行特别处理，如全程进行温度管理和卫生管理等。

第二，食品出现不合格的情况时，没法"修复"。当出现食材变质、混入异物，或是在烹饪中犯错等问题的时候，就要当场全部毁掉。为了避免这些损失，在整个生产工序中严把质量关是一个非常重要的课题。

自 1967 年创业以来，Saizeriya 一直在努力削减成本。功夫不负有心人，从 1997 年到现在逐渐构建起了"垂直式销售管理

（vertical merchandising）"的方法。

削减"总成本"

所谓垂直式销售管理，是指在生产工序中自上而下的自我管理和运营的管理方法，将整个生产工序置于自己公司的管理和运营之下，可以在整体上构建起高效的机制。这里的关键点是"总成本"。

该公司采用的供货渠道主要有以下 3 个。①蔬菜和大米在福岛县白河市的自家农场培育和收割。②汉堡牛肉饼的肉酱和奶油沙司在澳大利亚的自家工厂使用当地食材生产而成。③需要便宜且质量高的地道食材时，则从意大利等国进口。他们会把这些食材暂时集中到"物资供应站（工厂）"烹饪，之后再运送到各家分店。甚至连在①农场开发蔬菜种子都要亲自动手。

或许有不少人会质疑说："事业发展到如此地步，真的能获利吗？"无所顾忌地扩大事业范围，设备投资等固定成本的确会膨胀，不容易获利。但是，如果能设法避免这些，切实实施细致的对策，就可以用最少的投资经营广泛的事业，并起到相应的效果。这就是所谓的垂直式销售管理。

这种绞尽脑汁想办法的"对象"之一，是在采购半成品时避免不掉的"工序前期的浪费"。如果能避免这些，就能大幅降低工序后期的成本。也就是说，扩大事业范围可以起到降低总成本的相应效果，也可以在工序前期消除风险。

在管理和运营前期工序中能排除的最大浪费就是"残次品的损失"（削减成本的秘诀 1）。假设在制作奶油沙司的工序中有4个步骤。以前这家公司只负责第 4 个工序，所以当发现残次品时，1~3 工序中的材料费和加工费已经算到了产品的头上。如前所述，食品无法修复。也就是说，在工序后期发现残次品，材料费和 1~3 工序中的加工费就被浪费了。所以要在工序前期发现问题。

但是，现场实行这些并不容易。假如从一家制造商那里收购的小麦的袋子，在运输中出于某种原因破了。在这种情况下，该公司需要把小麦连同袋子一起处理掉，此时负责人很容易认为"这太可惜了"。但是，为了工序后期不出现残次品，必须这样做。

为了让现场的员工理解这种想法，该公司一直在贯彻以下方针：一般情况下，工厂生产中最应该重视的是 Q（质量）、C（成本）、D（交货日期）、E（环境对策）、S（安全放心）这 5点。而比起 C 和 D 来，该公司的工厂则会优先考虑 QES 这 3 点。"要教导现场员工‘为了达到 QES 的要求可以不计成本’"（该公司生产物流部董事部长小岛实）。

应在工厂解决产品 "良莠不齐" 的问题

垂直式销售管理，除了在前期工序中消除质量上的风险，还有一个重要的功能，就是在工序前期减少产品良莠不齐的现象。对开设了 800 多家门店的 Saizeriya 来说，任何一家分店的料理的味道和分量都要统一。这是一个生死攸关的问题，绝对不是夸大其词。在某家分店对其料理满意的顾客，如果不能在其他分店感到满意，就可能不去任何一家连锁店了。所以，必须管控产品的良莠不齐现象。

餐饮店发生产品良莠不齐现象的最大原因在于"在不同分店工作的员工能力有差别"。擅长烹饪的厨师和不擅长烹饪的厨师制作的汉堡牛肉饼相比，结果不言而喻。那么，如何消除这种差别呢？该公司会尽可能简化分店的工作，容易出现差别的部分全部交由加工工厂的生产设备来解决。

例如，该公司不会让分店去煮干的意大利面，而是在物资供应站煮好，按照一个人的分量分好后送到门店去，分店只要拌上沙司加热一下就可以了。全程施行温度管理且运送迅速。沙司则在分店调制，所以能做出刚出锅的味道。这样不仅能减少良莠不齐的现象，还可以削减分店的工作时长。

但是，如果只是提前做好，并不能在整体上削减工作时长。这里最重要的是要在工厂排除浪费。公司从创业以来一直在进行改善，以排除步行和回头之类的多余动作。这几年特别在生产系统的合理化上下了力气。

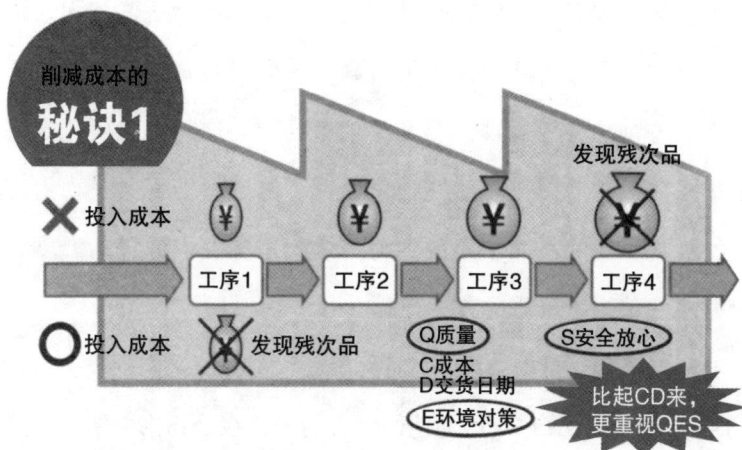

削减成本的
秘诀1

发现残次品

✕ 投入成本 ¥ ¥ ¥ ✕¥

工序1 → 工序2 → 工序3 → 工序4 →

○ 投入成本 ✕ 发现残次品

Q质量
C成本
D交货日期
E环境对策

S安全放心

比起CD来，更重视QES

●在工序前期严把质量关

工厂遵守 Q（质量）、C（成本）、D（交货日期）、E（环境对策）、S（安全放心）的要求是不可或缺的。其中 Saizeriya 最重视 QES。这个方针的结果在于削减成本。例如以 Q 而言，需要检查最初的工序。在这里食材只要有一点质量问题，就要不计成本地处理掉。如果发现晚了，但已经相应地增加了加工费，此时再处理，就会增加成本。

不在没有"合理化"的生产上进行投资

Saizeriya 在这个方面也独具想法。据负责提高澳大利亚工厂效率的小岛先生说，设备投资的目的可以大致分为 6 个。分别是：①生产合理化、②增产、③除旧更新、④提高质量、⑤保障安全、⑥保护环境。该公司的方针是在②增产和③更新之际，同时实行①合理化，否则就不投资。另一方面，还要不计回报地实行④~⑥。这样做的理由与解释 QCDES 时相同。

很多情况下，追求合理化，最终会提高质量和保障安全。

例如，澳大利亚的工厂以前是购买浓缩牛奶来做奶油沙司。但是，这样做不仅成品率低且价格高。该公司对合作的浓缩牛奶制造商进行调查后发现，温度管理有问题。这些制造商从农户那里采购牛奶后，暂时放在桶里保存。然后根据需要投入生产线，再把做好的浓缩牛奶放到另一个桶里保存。桶里的温度管理并不完善，所以质量有高有低。

于是该公司投入大约3亿日元资金，把浓缩牛奶的设备引进到自己公司的工厂内。因为他们考虑的是，在公司内部实施温度管理，会提高成品率。还想了其他办法，将浓缩牛奶的工序和生产奶油沙司的工序一气呵成，这样就省略了把做好的浓缩牛奶暂时保存在桶里的工序。结果，既提高了成品率，又大幅缩减了从牛奶变成奶油沙司的生产准备时间。"缩短了准备时间，本公司的奶油沙司的确比以前更'好吃'了。"（小岛先生）

该公司从2007年启动了"生产物流革新项目"，着手改善这一生产系统，通过3年的努力，削减了大约80多亿日元的成本。

改善分店到如此地步

该公司并非只是在生产工厂削减成本，还在分店实施了高水平的改善活动，具体分为①简化操作流程，②开发便于使用的工具，③让员工具备多种功能等3个内容（削减成本的秘诀2）。

①的代表性事例是，像意大利面、红花饭之类的食材，该公司会事先按照一个人的量分好后再运送。在店里，"只需要盛到盘子里""只需要加上沙司加热"这样很简单的操作就可以。也不需要用刀切，连新员工都可以快速记住，还能提高顾客的满意度。虽然也要根据客流量的情况而定，但通常很花时间的汉堡牛肉饼和奶汁烤饭，在点餐 6~7 分钟之后就可以出现在顾客面前。

Saizeriya 独自开发的②便于使用的工具，主要在厨房等后厅使用。目的是简化操作流程，削减时间。

以在上下层带有传送带的 2 个烤箱为例。虽说有传送带，尺寸却比家用微波炉大一点。上下层的设定温度和循环时间（盘子从一端放入到从另一端出来的时间）各不相同。只要记住各种菜品在哪一条生产线上循环过几次，如"比萨在上一层循环了一次""奶汁烤饭在下一层循环了一次"等，任何人都能简单应对。

③具备多种功能已经成为 Saizeriya 不可或缺的要素。在一般家庭餐厅，厨房就是厨房，大厅就是大厅，员工各有分工。所以，几组客人一起来店里时，即使大厅的人手不够，厨房里的员工傻站着也不会来帮忙。然而，在 Saizeriya，当大厅的员工变忙的时候，厨房的员工自然也会来帮忙。反过来也是一样。一般情况下很难让大厅的员工牢记厨房的操作流程，但是简化

操作流程的该公司使之成为可能。甚至可以说"到同样规模的其他店去看后就会发现,'我们这里用不到一半的员工就可以了'"(该公司区长龙宏子)。

原本以为 Saizeriya "做到这种程度就不需要再做其他多余的改善了",结果他们并没有停止脚步,而是迈进了下一个阶段。2008 年 11 月, Saizeriya 设立了通过科学检验操作流程来消除浪费的"项目部"。设立这一项目部的是时任该部门部长的堀埜先生,他在 2009 年 4 月代替创始人兼现任董事长的正垣泰彦,出任了总经理一职。

该项目部的职责是,针对某个操作流程开发出现场员工想到的"最短操作程序",并推广到所有分店。

该部门在考虑最短操作程序的时候,会优先改善"固定操作流程"。所谓固定操作流程,是指在每天的营业活动中肯定会按照一定比例出现的操作流程。一提到改善,我们往往会先想到改善作业时间急剧增加的高峰期的操作流程,但是"比起高峰期来,削减固定操作流程更有成效"(堀埜)。例如,如果减少作为固定操作流程之一的"营业前准备工作"的时间,只要不影响之后的营业,就可以相应地减少人工费。

此外,该部门还致力于"硬件的功能分析"。我们可以在改善营业前准备工作的事例中看一下它的具体内容。

①简化操作流程

沙拉

意大利面

只需要盛在盘子里，根据需要加热即可

红花饭

削减成本的
秘诀2

②开发便于使用的工具

披萨

厨房

高温

烤箱 2分钟
6分钟 低温

奶汁烤饭

③让员工具备多种功能

根据需要都可以自如应对

便于摊开沙司的形状

披萨酱正好是1杯的量

鸡蛋

大厅

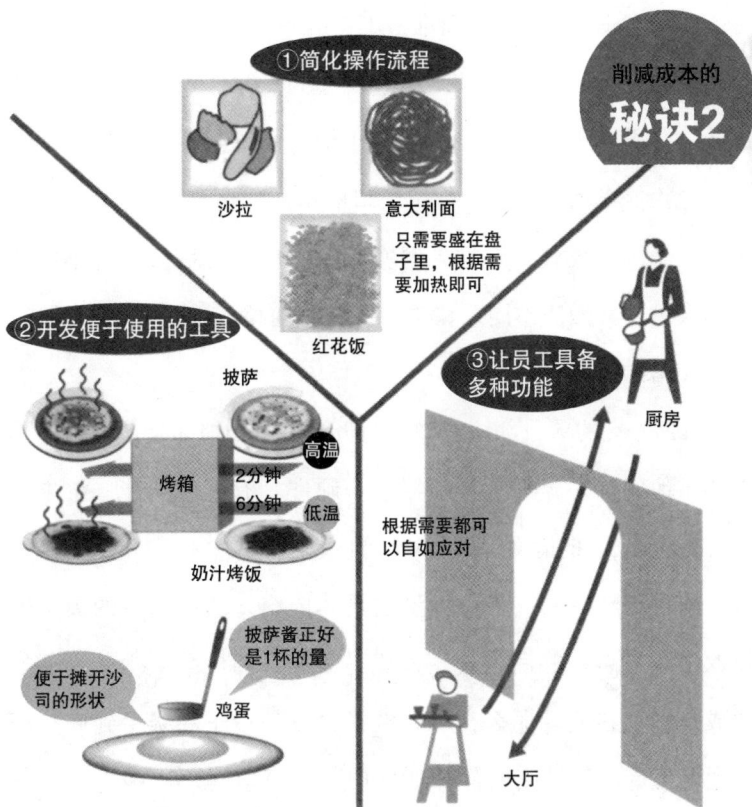

● 改善门店的操作流程

在 Saizeriya，不需要切菜加工。食材从工厂运来时就已经按照一个人的量分好了①。并且为了进一步简化操作流程，开发工具也不可或缺②。例如，烤箱在上下层的设定温度各不相同，传送带的速度也不相同。上层可以烤制比萨，下层可以烧奶汁烤饭。还可以根据菜品决定传送带循环的次数，比如汉堡要循环两次。还要让员工具备多种功能③。不是让员工分别负责厨房和大厅，而是让双方能自如应对，以均衡各自承担的工作强度。

通过功能分析"可见"的目的

以前，Saizeriya 营业前准备工作的一大半时间都花在了用吸尘器清扫地面上。清扫的地方包括过道、桌子下面、厕所和入口处等几乎所有地方。之后还要用拖布清理过道，用抹布擦桌台，捡拾停车场的垃圾，擦拭门口的窗户，清理隔断的灰尘等。大致的操作流程就是这样，但实际上不同的分店，或者不同的工作人员，其做法不同。在位于群马县前桥高速出入口的门店，这一连串的操作流程需要 1 个人工作 1 个小时。

Saizeriya 的项目部注意到，用吸尘器清扫地面是最费时间的工作。他们首先分析了吸尘器这一硬件具有哪些功能。结果得出的结论是，"把地面上的垃圾吸到吸尘器里"。

项目部然后调查了垃圾里的具体内容。从使用后的吸尘器里取出垃圾袋检验后发现，六成是沙子，两成是灰尘，剩下的两成是食物残渣。那么，用吸尘器"吸"沙子和灰尘到底是否合适？或许用扫帚或拖布清理沙子、灰尘就足够了……

结果，Saizeriya 早上的操作流程就变成了先用拖布清理，然后用吸尘器只清理需要清理的地方。把用拖布收集的垃圾先放在某些地方，然后用吸尘器去吸就可以了。目的不同，还可以更换不同功能的拖布。

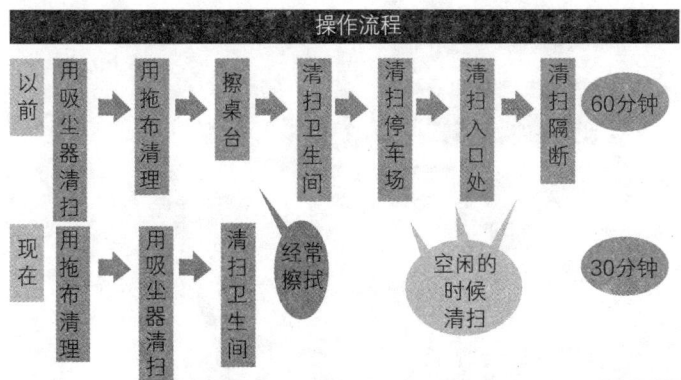

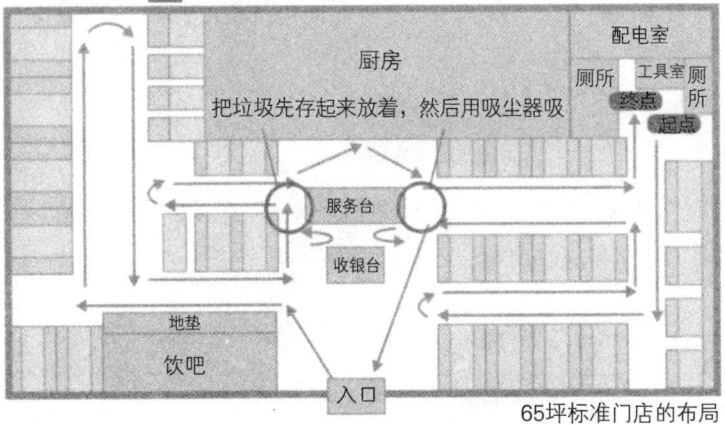

65坪标准门店的布局

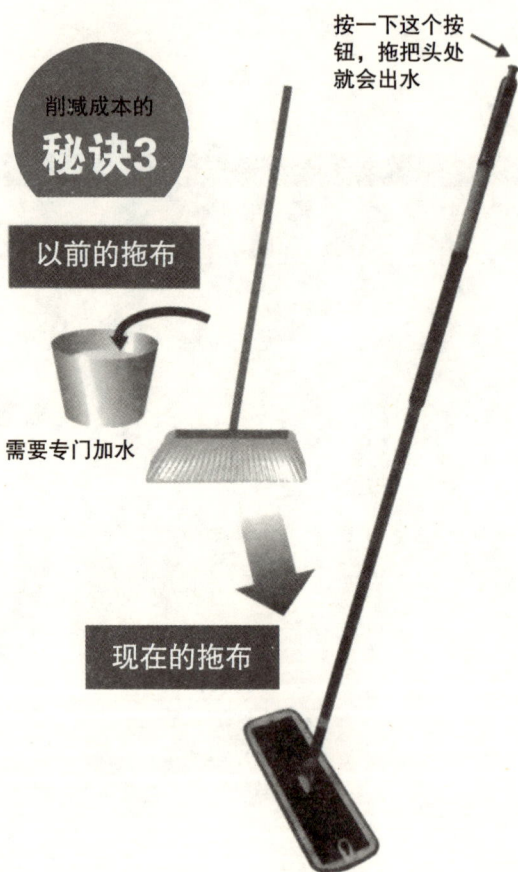

削减成本的
秘诀3

以前的拖布

需要专门加水

按一下这个按钮，拖把头处就会出水

现在的拖布

●改善营业前准备工作的事例

营业前准备工作的一大半时间都用在了清扫上。其中最费时间的是用吸尘器。以前是先用吸尘器清扫过道，然后用拖布清理。大一点的垃圾都是平时由员工随手捡起来，所以在做营业准备工作的时候，几乎没有什么大垃圾。因此，在清扫过道的时候，只需要用拖布清理，然后用吸尘器吸一下需要清理的地方就可以了。拖布本身也更换成了按一下手边的按钮就会出水的拖布，这样就节省了专门加水的时间。通过这样的改善，营业前的准备工作可以从原来的60分钟变成30分钟。

另外，该项目部决定，利用午饭后或营业时的空闲时间来捡拾停车场的垃圾和擦拭门口的窗户。"一开始还有员工提出过质疑：'真的不用早上做吗？' 但是现在已经适应了，甚至有一种比之前更清洁之感。"（龙宏子）位于前桥高速出入口的门店现在只需要 30 分钟就能熟练完成曾经需要 1 个小时的营业前准备工作。这样一来，员工可以到厨房帮忙准备，从而节省一个员工。

日经 MONOZUKURI 编辑部　池松由香

第 **2** 章

为了确保利润充足

——最重要的是构建能赚钱的机制

最重要的指标是"工时生产效率"

不管是制造业还是餐饮业，要想长久存在不被淘汰，最重要的是提高工作效率。看起来"提高生产效率"是对"料理业另当别论"的反驳，但事实并不是这样。

人们一直喜爱的料理原本就不存在浪费。例如，像自古就有的咖喱之类的传统常规料理，我们看一下它的食谱，就会发现都能有效制作出美味的料理，因为历史在不断减少浪费，不能减少浪费的料理就会被淘汰。大家能体会到，这也通用于餐饮店的经营。

从确保合理的利润这个意义上来说，我从创业初期就开始重视的经营指标是"工时生产效率"。

所谓"工时生产效率"，就是门店一天产生的毛利润除以当天所有员工工作的总时长。

工时生产效率＝一天的毛利额÷所有员工当天的总劳动时间

例如，一天的营业额是 10 万日元，毛利率为 65%，那么毛利额就是 65000 日元。如果所有员工当天的总劳动时间是 25 小时，那么工时生产效率＝65000 日元÷25 小时，就是每小时 2600

日元。

餐饮店工时生产效率的标准应该是每小时2000~3000日元。要想稳定经营，必须努力提高工时生产效率。

Saizeriya工时生产效率的目标是每小时6000日元。人们常说餐饮店的工资低，但是我们公司为了实现和其他产业同样的待遇，一直在考虑提高工时生产效率的标准。有些分店最低已经达到了4000日元，最高达到了6000日元。

如前所述，我们公司不给店长设定营业额的目标，但是另一方面要求他们提高工作效率，让工时生产效率达到5000~6000日元。

例如，因为突然下雨顾客比预期少而让临时工闲着的时候，店长会指示他们去提前整理原本打算下周再收拾的后厅，以便控制日后的人工费。

为了提高工作效率，当然要打工厂的主意。而Saizeriya所做的事情之一则是比较工作效率低和工作效率高的店，然后让低效店去效仿高效店的工作优点，从而减少工作缺点。

这个想法也可以应用在只有一家门店的餐饮店。你与自家店的业种和业态相似、同处繁华地段的店进行比较之后就会发现，有很多可以参考的地方。另外，去比较自家店工作效率高的员工和工作效率低的员工，考虑他们之间的不同，也会提高工作效率。

但是，不能搞错的是，就算效率不高，问题也不是在"人"身上，而是在如何"操作"上。

要我说，工作就是一系列"操作"的集合。在这些操作中，考虑能否缩短或消减时间，才是最有效的。

一般认为餐饮店大厅的员工需要进行"带路""点餐""收银""收拾"等工作，这绝对都是必要的。而在快餐店，去掉"带路""上菜""收拾"这 3 个花时间的工作，门店就可能提高效率。

这不过是举个例子，如果不想浪费时间，就不要被固定观念束缚，应该试着去考虑改变营销方式。这也是 Saizeriya 将来的课题，例如不在店里洗餐具，而是考虑能否集中在一个地方清洗。

门店在财务上赚钱的一大原则

为了让家属和员工幸福，门店必须不断保障利润充足。所以在财务战略和设备投资上要提前制订明确的章程，这一点非常重要。

在新店开业或门店装修等需要设备投资的时候，重要的判断基准是 ROI（投资收益率，return on investment）这一指标。"投资收益率" = "利润÷投资额×100%"。利润是门店阶段性的营业利润，投资额可以置换成开店所需的总投资额。另外，"投资额"还包括投资后所得的"资产"，所以也可以用 ROA（总资产收益率，return on assets）这一指标来衡量。所谓 ROA 就是"利润÷总资产×100%"，利润是门店阶段性的营业利润，总资产可以置换成开店所需的总投资额。

例如，用 1000 万日元来开店，每年的营业利润是 300 万日元，那么 ROI 就是 30%。

必须注意，在店里工作的经营者自己及其家属的工资或加班费都要算成开支费用，从而计算出经营利润。不这样做就不能准确把握现状。

我要开新店的判断基准是 ROI 能否达到 30%。因为开店后最少也要确保达到 20%。实际上，虽然计划要确保达到 30% 左右，但也有只达到 20% 左右的情况。

我为什么说是 20%，因为世界主要国家的银行存款利息历史上最高的大约是 7%（经济危机时除外）。考虑到诸多人工费和风险，如果门店不赚到银行存款利息的 3 倍，倒不如把钱存到高利率国家的银行里去。

做生意不是赌博。

所以，开新店时应该慎重，如果 ROI 没有 80% 的可能性达到 30% 以上，最好不要从金融机构借钱开店。特别是在开不允许失败的第一家店时更应该如此。

为了达到这个 ROI 值，重要的是不要盲目投资，而要尽可能减少设备投资额。我认为很多情况下可以把内部装修费、厨房器具费、押金等开新店所需的成本削去一半。有人认为不注重内部装修，就不会有顾客来，这是不对的。顾客生气不再光临，是因为在卫生方面存在问题。有些门店配备了与门店空间不相符的高性能厨房器具，这也是不对的。如果真的想要，可以等到门店火起来后再换。

除了投资成本，同样需要控制的是房租。

控制了这两项，门店才能相应地提供物超所值的料理，才能让店火起来。相反，如果在初期投资和房租上花了很多钱，门店就没有实力提供物超所值的料理，瞬间就会崩溃。

顺便说一下，我的第一家店偶然选择了一块不好的地段，但房租非常低，几乎不需要开业资金。所以，我通过全年无休的工作，给顾客打3折，度过了完全不火的时期，使这家店变成了一家旺店。

但如果你开的店是一家需要大额投资和高房租的门店，可能会瞬间崩溃。

所以，要找到一个初期投资少、房租低的地方，要慎重选择地段。而且，在选择地段时必须注意，在这个商圈内有没有愿意来的顾客。

检验的方法很简单，就是去看一看，在自家店制定的价格区间内有没有旺店。应该去找一找提供精制料理、不低价销售却很火的个体店。

在这个店铺激增的年代，如果在开车或步行需要15分钟的商圈内没有这样的店，应该慎重考虑那里有没有市场。

如果你已经开了一家店却赚不到钱，那么，提供和商圈内的旺店同样价格的料理也是一种办法。即使不重新装修，如果变换料理，顾客群也会发生变化。

我写了很多投资的规则，但实际上我自己在40年前和朋友随大溜开店的时候，对会计和财务几乎一无所知。

在开店之后，我拼命地阅读专业书，通过实际操练，学会了以下计算公式：

● 在工序前期严把质量关

$$\frac{营业利润}{总资本（投资额）} = \frac{营业额（年）}{总资本（投资额）} \times \frac{营业利润}{营业额（年）}$$

数值分别是

0.2以上	＝ 2以上	×　0.1以上

为了让相当于 ROI 的经营利润÷投资额×100% 的数值超过 20%，必须让营业额在投资额的 2 倍以上，让营业利润率在 10% 以上。

暂且不管其他行业如何，我认为作为餐饮服务业的经营指标是不能变的。

应用这一公式对某些设备增加投资的时候，年营业额是否会增加到投资额的 2 倍以上，是一个基准。例如，当你投资 100 万日元的设备时，在营业利润率不变的情况下，如果年营业额没有增加 200 万日元以上，那就只能下调 ROI 了。

让你突然弄清楚这一目标并让它具有获益的能力或许有点困难，但是你在讨论设备投资的时候，即使仅意识到这个公式，门店的资产负债表情况也的确会有所好转。

采购的时候要重视质量而不是价格

有些人为了从供货商那里尽可能地低价采购，会拼命对食材杀价，但是我认为这本身就是在浪费时间。

我长期与同一家供货商合作，都是以对方提出的价格来交易，并不曾感到有什么不合适。其实我认为从长远来看，通过杀价而只让我这一方获利，是不太可能的。

即使通过和供货商纠缠交涉能低价采购某种商品，一旦对方意识到在这次交易中吃亏了，下次肯定会高价卖给我一些其他东西以弥补损失。

而且，即使每瓶啤酒或者每个洋葱便宜几日元，能减掉的成本也是可知的。与其在这上面大费脑筋，倒不如去想着削减充当最大成本的人工费，看看"现在由两个人完成的工作能否由一个人来完成"等，这些更加具有建设性。

实际上，Saizeriya 从全世界食材原产地，在质量相同的情况下能以最便宜的价格进行"采购活动"，并能削减食材成本，始于开了 500 家分店之后。反过来说，即使不这么做，我们也能增开到 500 家分店，所以在采购中最重要的不是杀价。

那么，什么才是最重要的呢？我认为应该是就交付的食材质量问题向供货商规定下限。

也就是说，不收购低于事前规定的标准的食材。一旦收到了低于标准的食材，就必须退货，并让他们更换新食材。还要在合同中把规则写清楚。所谓质量的下限，就是你觉得"使用了这种食材的料理向顾客拿不出手"的质量。

具体来说，就像肉类，色泽、香味、硬度，筋肉的比率应该为多少，肥瘦的程度如何，等等。蔬菜也需要事先规定好色泽、大小、香味、采摘时期、保存时的温度等等。

我一贯坚持认为料理味道的好坏，80%是由食材决定的。厨师的手艺等其他要素只占剩下的20%。

所以，死守食材质量的最低限度非常重要，如果守不住，即使顾客花同样的钱吃同样的料理，也应该会感觉到"没有以前好吃了，味道变差了"。因为花费了同样的钱，顾客当然会觉得吃亏了，可能不会再来了。我们想一想这些损失就会明白，低价采购劣质的东西真的没有意义。

还有一个必须做的重要事情，就是每次采购的时候都要检查食材的质量能否满足上述条件。

我没有对食材杀过价，但是经常"验货"，结果还是发生过不得已退货的情况。

"验货"有两个作用，一是"验量"，看看品种和数量是否

与订货清单相符；二是"验质"，看看质量是否符合订货要求。**很多店对"验量"很上心，却对"验质"不够细心。**

但这是重大失误，只有"验质"才是最重要的工作，即使说必须由经营者亲自来做也不为过。Saizeriya现在是从物资供应站（工厂）选拔出耳聪目明的专业员工来进行"验质"，但是在有200家分店之前，从采购到验质，一直是由我亲自负责的。

为什么"验质"是经营者的工作？因为不管是谁，都不可能轻易掌握鉴定食材好坏的能力，它需要经验、审美能力，以及"认真劲"。在店里能兼备这些要素的人只有经营者。

就我来说，都是按星期轮番采购肉类、鲜鱼、蔬菜等食材，经常是早上第一个就到了供货商的仓库。早上第一个到，自己可以自由挑选优质食材。

顺便说一下，之所以经常第一个到，是因为我在店里工作到深夜后，就直接开车去了供货商的仓库，并在那里睡觉。

此外，要想稳定地采购到优质食材，就必须选择好的供货商。

这很简单，就是去给旺店批发食材的供货商那里采购。你可以去附近的旺店吃个饭，顺便向店老板请教一下从哪里采购的食材。我也是这么找到供货商的。和旺店有来往的供货商提供的食材，质量应该很稳定，批发价也应该很合适。如果不这样做，你的餐饮店就不会成为旺店。

　　换一个观点来说，如果你能使用和旺店相同的食材，同时还能削减店里的成本，提供比那个旺店更实惠的料理，顾客是不可能不来的。我认为这是能让自己的店火起来的必胜良策，你觉得呢？

制订经营计划的目的是明确责任人

你考虑经营计划时，在营业额和开销等方面设定的目标不应该是"要是能完成就好了"的期望值，而应该是"一定要完成"的能弄清楚的值。

你还要给相关负责人分配具体的数值目标，并让他承担责任。让他承担责任的这部分目标非常重要，相反，对于随着环境和时运的变化而发生变化，并由此负不起责任的那部分目标，即使制定了也没有意义。

也有人认为，对任何事都应该设定一个高目标，并绞尽脑汁地去实现它，但是它的危害是容易让负责人产生完不成目标也是理所当然的心理。经营者如果制定了一个不切实际的目标，就会分不清是谁的责任了，是经营者不对呢，还是现场员工不够努力呢？

例如，在现在这个经济状况下，你如果毫无根据地制订一个计划"旨在比前年增收20%"，谁都不会认真去完成目标，也不想去验证达不到目标的过程。更何况，你如果按照没有任何根据的目标迁怒别人没好好努力的话，员工就会失去干劲，只好辞职了。

另一方面，从最近的业绩变化情况来看，如果你制定了负责人也认可的"完不成目标就只好降级调职"的可靠目标，并且事先规定好为完成目标起码要做的事项，就可以明确责任。

没有完成目标时，就很清楚是谁在哪里出了问题。

结果肯定会出现降级调职的情况。但是，现实中人才是有限的，所以我们多是采用降低年薪的方式来处罚没有完成目标的人。并且评价的过程透明，负责人本人也会接受这个处罚。

Saizeriya 的情况是总公司的商品开发部门对营业额的目标值负责，而各个店长对开销负责。我已经说过，店长没有销售额的目标。

连锁商店的营业额是由"商品"、"地段"和"店面面积"决定的，不是店长努力就行了。把我这个想法放在单个门店或有几家分店规模的门店来考虑，应该对营业额负责的是开发菜品的厨师长，控制开销则是店长的责任。

那么，Saizeriya 店长最重要的工作是，根据过去的营业额变化情况预测来店顾客的数量，以及根据店里员工的能力计算出他们每周的总劳动时间（＝每周的人工费），并由此来决定周一到周日的人员配置。这就叫"工作计划"。

这里重要的是，在决定好一周的人工费后，你要绞尽脑汁地把金额控制在这之下。店里的工作即使有年度计划，也只是估算，每天制订计划又太过于琐细，所以制订一周的计划正合适。

提到削减成本，我们多数情况下是找出某些开销中浪费的部分，去削减它，但比起这样，通过制订开销额度，想出不超额的方法反而更能削减成本。就像是丈夫的工资减少后妻子也会很好地安排家庭开销一样。

要想让员工拥有实现"工作计划"的想法和技能，就要有计划地对他们进行教育。

具体来说，店里的工作基本上分为接待和做饭等"要根据来店人数考虑增减的工作"、扫除等"不考虑来店人数、每天都要做的工作"，还包括"每周做一次的工作"和"每个月做一次的工作"等。如果是和预想的不同、顾客比较少的时候，你可以让员工提前做整理仓库之类的"每周做一次的工作"，因为这样可以节省人工费。由此固定费用（人工费）就变成了可变费用。

并且，我们还发现了用工业工程的想法来提高效率的方法，比如清洗盛米饭的碗时，要用左手拿着，然后用右手拿着海绵转上三圈等。所以你要及早把这些方法教给新员工，教得越早，越能提高工作效率，减少总劳动时间。

在 Saizeriya，要成为一名称职的店长，从洗餐具到进入管理层，必须记住 200 项操作流程。其熟练程度都要经过检验，还要反映在报酬上。店长自己熟练了，教育起员工来也方便。

要看清降价的临界点

很多店为了促销，会限期下调一部分料理的价格。因为消费者可支配的钱在减少，所以也确实有不得已降价的情况。

但是我认为，要降价就不应该限期，而应该一直保持降价后的价格，你如果没有这样的觉悟，就不应该降价。

为什么这样说？因为消费者一旦通过降价吃到过便宜的料理，再用原价来消费，就会觉得自己吃亏了。结果只会有损于他们"对门店的忠诚度（顾客对门店的信任感）"。

有人常常极力主张，商品的"价值"在"价格"之上的"物超所值之感"才是最重要的，而左右物超所值之感的依然是价格。从这个意义上来说，必要的时候需要降价。因为让不是做饭达人的消费者去理解厨师对料理的讲究，并认同它的价值是非常困难的。

假如自家店与竞争对手有 3 个相同的菜，价格也一样，所用食材的种类也非常相似，食材的质量和费事程度却不同。每个菜分别比竞争对手多 10 日元、50 日元、100 日元的"价值"。

顾客的确看不出来它们分别有什么不同。所以，制造这个价格差，只是让门店自我满足罢了，我们一定要提防这一点。

从这一点来看，价格就好理解了。同样的料理在你的店里卖399日元，在别的店里卖400日元，虽然差价很小，但也的确存在差异。

但是，你必须注意，也有毫无意义的降价情况。因为虽然商品的价格降到某个固定的价格水准会增加点单量，但再往下降增加不了点单量。这个水准就是给人以划算之感又能提高点单量的最佳价格，降价到这个价格水准之下，只会减少利润。

门店对于顾客的用途（使用动机），以及菜品不同，最佳价格也不同。连锁店可以先在几个不同的店里进行实验，之后再去改变所有分店的菜价，这样就很容易找到最合适的价格。因此，虽然有很多地方值得向连锁店学习价格战略，但是我们也要意识到，要有一个价格水准，过于降低价格反而会减少点单量，注意到这一点，你就会避免毫无意义的降价。

顺便说一下，你在修改价格时，诀窍是注意价格的尾数要带有"4""8""9"这些数字。

给某个料理降价的时候，340日元比350日元给消费者相当便宜的印象，但是降价到320日元或330日元，消费者受到的心理冲击并不比340日元强多少。同样，比起500日元，480日元、490日元会让人感觉相当便宜，但是即使继续降低20日元、

30 日元到 470 日元和 460 日元，也并不会给人进一步的冲击。这样看来，前者应该卖 340 日元，后者应该卖 490 日元。

不仅在降价上，所有的经营判断都是某种意义上的"实验"。所以，你要规定实验的前提条件、实验方法和导致结果的原因。这样才能积累经营的秘诀。

假如你下决心给某个料理降价 50 日元，那么就要去书面总结一下为什么一定要降价 50 日元（前提条件），为什么不是增加菜的分量等其他选项而是降价 50 日元（实验方法）。之后，我建议你拿这个问题与员工进行讨论。如果出现了反对意见，这是值得开心的。向提出反对意见的员工说明你的意图的过程中，你可以再一次确认"为什么要降价"，这样可以更加有效地改良计划。

而且在降价之后，检验降价的效果也很重要。不是只去看结果，而应该去检验在降价之后是否真的增加了点单量。

即便是在降价的同时点单量增加了，我们也不清楚这是否是由降价导致的。也可能和降价完全没有关系，比如因为"菜单广告更新得好"，或者因为"在电视上偶然被介绍后受到了大家的关注"，等等。

当然，检验的结果不一定正确，但是从各种"因素"中查明与结果相关的"原因"，可以提高经营判断的精确度。总之，进行最有效的降价，可以增加顾客量。

我说过，降价到某种程度后，就应该维持这个价格，不过也有例外。就是在物价上涨到通过降低成本也无法承受的情况下，如果周围的店都要涨价，你也趁机涨价，应该不会有什么坏影响。

成本率可以在 40%以上

"通过降低食材的质量来降低进货价格增加收益。"

这是餐饮店经营者最不能做的事情。以我的经验来说，要想长期让个体经营店成为旺店，成本率应该保持在 40%以上。

确实，Saizeriya 把成本率控制在了 34.2%（2009 年 8 月）。但是，这是本公司采取蔬菜的种子和肥料由自己开发来控制成本，并想办法从全世界的产地用集装箱采购食材等一系列措施的结果。如果按照一般的方法采购同样质量的食材，成本率应该会远远超过 40%。我自己从来没有想过通过降低食材质量来获利。

因为食物味道的好坏，80%取决于食材的质量。厨师的手艺占 15%，最后的 5%取决于门店对食材的保存状态。正因为如此，我们必须讲究食材的质量。

以蔬菜为例。用门店后厅从田里刚摘下来的蔬菜当场做出来的料理应该是最好吃的。但是，普通的店做不到这一点。

因此，Saizeriya 相当在意保管食材时的①"温度"和②"湿度"、食材收割后的③"运输时间"、运输时对食材的④

"颠簸程度" 等 4 个方面。

例如，在田里把蔬菜装上卡车到送去烹饪这段时间，蔬菜的温度保持在 4℃，运输时的湿度也保持在一定的标准内，来防止蔬菜流失水分。在意运输时间是因为要防止滋生细菌。运输时不颠簸食材是为了防止变质。就像一直晃动牛奶，成分就会分离变成黄油一样，颠簸会让食材变质。

基于减少上面列举的 4 个方面带来的不好影响，餐饮店实行地产地消是合理的。不过，如果想控制这 4 个方面带来的不好影响，你应该到全世界去寻找物超所值、质量上乘的食材。

虽然我上面写到厨师的手艺对食物好坏的影响只占 15%，但是厨师还有别的重要作用。那就是让"营业额"扣除"成本"后的"毛利润"固定在一定的比率内。

这听起来或许有点意外，但是，你如果想让毛利润保持在一定的比率内，最重要的是让食物的味道固定。每天采购的食材质量都会有细微的差异，此外，店里每天都有空闲的时间段和非常繁忙的时间段，在这样的情况下，每天无论什么时候都能做出相同味道的菜不是一件容易的事情。

无论是哪天，无论是什么时间段，如果味道不一样，顾客就会感觉到"没有以前好吃了，味道变差了"。实际上做得比平时好吃也是不行的，因为顾客即使付了同样的钱，吃着同样的菜，下次来的时候也总会觉得吃亏了。也就是说，如果厨师不好好保持味道不变，顾客就会减少，也就无法拥有固定的毛利润率。

反过来说，如果顾客量上升，出现规模利益，你就应该考虑通过降低菜的价格或增加菜的分量来回馈顾客。此外，每天在市场上采购的食材质量和价格都在变化，尽可能将其控制在固定的水准，这只有像经营者兼厨师这样"有眼力的人"才能做到。

毛利润率保持在不超过60%的水准上是最好的（成本率在40%以上）。

在获得的毛利润率中，40%分给"人工费"（也包含教育研修费），房租等"房地产相关费用"（包括设备投资的折旧费等）和水电费等"其他开销"各占20%。这样一来，剩下的20%就是净利润。

●长期兴旺门店的费用分配规则

▶毛利润率在60%以下

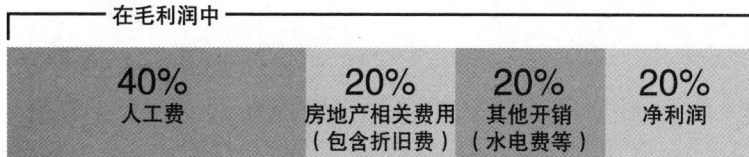

在毛利润中

40% 人工费	20% 房地产相关费用 （包含折旧费）	20% 其他开销 （水电费等）	20% 净利润

如果以以上数值为基准，门店就会持续兴旺

我认为，这种费用分配方式才不会让餐饮店受环境变化的影响，门店才会是持续兴旺的理想状态。当然，这不是一个容易达到的数值。尽管如此，只通过减少无谓的操作流程，以削减人工费，和房东商量下调租金等方法，去努力接近这个数值，也应该很有用。

在众多餐饮店中，也有成本率只有20%却很火的店。可是，它们多是受惠于地段好等特殊的原因。一旦有了竞争对手，它们很有可能马上遭受巨大的打击。**我认为，在食材上花费足够的成本，不过分计较毛利润，把利润回馈给顾客，门店才能够长久经营下去。**

从这个角度思考问题，你就会发现一件有趣的事。例如：假设A店和B店都是营业额利润率为20%的优质店，A店的毛利润率是75%，B店是60%，那么从长期来看，A店的经营比B店更具有不稳定性。虽然只从利润水平上看不明白，但是我们会发现，A店还有很多要去做的事情，比如压缩各种开销，提高商品竞争力等。

在小城市开店成功的秘诀

在日本小城市的珠宝店中，即使在玻璃柜里摆放上 1 亿日元的宝石，也完全有可能卖不出去，但是在伦敦或巴黎的高级店里，却存在很多会买下 1 亿日元宝石的顾客。这是因为前者的商圈内不存在能够买下 1 亿日元宝石的顾客。另一方面，后者的商圈是全世界，全世界的有钱人会专门来买宝石。这就是两者间的不同。

说得极端些，地段不同，能确保的商圈规模和人口也不同。餐饮店也是同样的道理。

也就是说，在小城市一决胜负的关键是自家店所在的商圈是否拥有能让自己火起来的人口。例如，在东京的"银座"和"新宿"的一些店能火起来，应该是因为在商圈内住着数百万形形色色的人。正因为如此，它们才能招揽到"年轻人""情侣""女性"等不同层面的顾客群。

虽然在关于餐饮店经营的书里经常会写要锁定消费目标，但是我不建议这么做。因为在人口少的"小城市"，门店锁定目标后是难以维持下去的。如果你的店在小城市，为经营不利而

苦恼的话，那么你的店很可能与这个商圈不符。而且，顾客对门店的用途不同，商圈的规模和人口也会不同。

有些店明确希望顾客每三个月或一年光临一次，但是受限于这个顾客用途的原因，顾客层会变窄，所以就需要一个大商圈。商圈具体指无论步行还是开车或乘坐公共交通工具，30分钟内就能到店的区域。这个商圈中最好有10万人以上，可能的话要达到20万人。顾客开车30分钟内到店，意味着顾客离店的距离在半径30公里以内。从这么远的地方把顾客吸引来，门店需要具有某种魅力才行。

另一方面，卖"家常菜"的店，顾客来得频繁，顾客层也广，所以在小商圈也能开。不管顾客怎么来，目标应该是在离店10分钟的范围内有5万人。另外，商圈内的人口和能够保证的人均消费额要成比例。如果在只有5万人的"小型商圈"里能够保证的人均消费额是"1"，那么在10万人的"中等商圈"里人均消费额就是"2"。如果是20万人的"大型商圈"，人均消费额就要变成"4"。例如，如果在20万人的大型商圈的一家西餐厅的人均消费额是4000日元，同样的店开在只有5万人的"小型商圈"里，人均消费额定为1000日元才合理。

你应该核查一下自家店的顾客从哪里来，自家店所在的商圈内有多少人口。

如果商圈的实际人口比自家店经营方式下所需的人口少，你就要采取对策。最简单的对策是把店搬到能够充分保障人口的地方去，但很少有这么做的店。

次一等的对策是改变商品。就是制作即使商圈人口少，也可行的料理。具体来说，就是制作每天都吃不腻的、味道更加简单的料理。还应该增加 40 多岁的顾客群。

40 多岁的顾客有以下特征：①看重价格、追求物超所值，②希望吃得适度，能够选择不同的分量，③追求低卡路里、少盐少糖、低脂肪的"健康食品"，④喜欢自己混搭菜和酒。

还有一点不能忘记，⑤易懂。门店必须能让这类顾客很容易找到，点菜的时候不需要思考就能点到自己想吃的菜。40 多岁的顾客不喜欢麻烦。

顺便说一下，我认为，顾客在犹豫是否要点某个菜的时候，不管他自己有没有注意到，多是因为他无意中觉得价格太高了。你最好不要给顾客这样的心理负担，要设定出让顾客能立马选择这道菜的价格。

但这只不过是我提出的一个解决方案而已。每个旺店都有自己的方案。最重要的是让顾客开心，还要珍惜不怕失败拼命努力的过程。坚信自己的做法是正确的，从某种意义上来说也是一种傲慢的行为。

世界上几乎没有人能够断言"自己绝对正确"。只有不断摸索怎样才能让顾客更开心，才能把自己的思维方式从"自我本位"转变成"顾客本位"。我认为这才是经营者为了让自家店一直火下去而必须掌握的"宝贝"。

在地震这一"异常情况"下

首先，我对在 2011 年 3 月 11 日东日本大地震中受灾的人们表示衷心的慰问。今后，在全日本真正致力于东北地区复兴的过程中，Saizeriya 打算竭尽所能出一份力。前几天有一位来自福岛县从事农业方面工作的 20 岁大学生给我写了一封长信，信中说："请您帮助我们种植深受地震和核电站之害的福岛水稻。"我回复说，将尽自己所能为福岛的农业提供帮助，同时还加了这样一句话："在这种异常情况下，机遇比地震前更多，你们要抓住机遇，努力前进。"

我当然不是在欢迎地震，而是希望不要因无法像以前那样种植水稻而感到绝望，应该把这次地震看成从头开始、重新审视以前做法的机会。如果能培育出收益更好，抗潮、风更强的水稻，或许会增加收入和就业。这次地震时，也同样意外发生了无法预料的"异常情况"。拿餐饮店来说，食物中毒和员工离职等情况也属于"异常情况"。

面对异常情况时，你要做好改变和挑战的思想准备。在情况不得已改变的时候（＝异常情况），应该积极朝着新情况（＝

改变）发起挑战。**发生异常情况时，我们不得不停下日常做的种种工作。如果你一旦积极抓住了机遇，就可以①"停止"和②"缩小"日常做的工作。**

比如，受到计划停电的影响，位于埼玉县吉川市的 Saizeriya 总公司工厂无法 1 天工作 8 小时，只能工作 4 小时。有人当然会叫苦说"无法工作"，但是 Saizeriya 的员工会去思考"如果在流程上想办法，1 天工作 4 小时或许可以完成以前 8 小时的工作量"，于是他们在重新审视操作流程上发起了挑战。但平时绝对没有人会去想办法"尝试把工厂的工作时间缩短一半"。所以说，在异常情况下，或许会产生平时想不到的改善对策。

菜单也是如此。虽然很不情愿，但因为我们采购不到一部分食材，只能减少了菜品数量。今后在分析销售动向的过程中，我们或许会找到即使不卖了也不会影响顾客量和营业额的料理。这样的料理是顾客不会点的料理。

如果放任不管，菜单上的料理种类就会越来越多。这会产生多余的成本，但是在平时，因为害怕影响营业额，所以总也减不掉。正因为处于无法供应食材的异常情况下，你才可以检验一下大幅缩减菜品后会发生什么状况。

也就是说，发生异常情况时，你或许可以做到平时做不到的事情，去思考平时想不到的事情。认真思考事情是一件很辛苦很累的工作。正因为如此，平时才很难做到。从这个意义上

来说，异常情况会成为你产生新力量和新想法的契机。

因此，如果受地震和计划停电的影响导致营业额锐减，你应该抓住机遇做出能够挽回已失顾客的、物超所值的料理。要想让减少了一半的顾客回到原来的水准，也就是增长到现在的两倍，你要用完全不同于以前的想法来开发新料理才行。或许你现在觉得苦，但是我相信，如果你去积极思考，打造出史无前例、魅力独特的料理和服务，生意就会更加兴隆。

话说回来，我的第一个异常情况是在创业初期，顾客们吵架导致发生火灾，门店被烧了个精光。门店原本就没火起来，净剩下负债了。要想重新开张，必须借钱。因为门店被烧光了，所以我有了关门歇业的借口，事实上我也想过放弃，但正是那时我才能认真地思考为什么自己要如此辛苦地经营餐饮店。

我当时忽然想到了"La Buona Tavola"这个意大利词语，意思是"美味的食物"。我记得当时要开一家店，把意大利人喜欢的饮食风格——套餐和葡萄酒混搭——推广到整个日本。那一瞬间，我心中充满了重新开店的力量。

我认为，是那个异常情况致使我爆发出来的惊人能量，让我开始学习知识、积累经验，并奠定了现在 Saizeriya 公司的基础。正所谓困难时期人才会比平时更努力。

连锁化的关键是"创造地段"

时常有旺店的年轻经营者问我："怎样才能成功连锁化？"当被问到这样的问题时，我都是建议他要思考"教育体系""投资回报""创造地段""（顾客）便利"这 4 个问题。

所谓"教育体系"，是指培养店长和厨师长的机制。你必须统一操作流程、行动方法和作业工具，让他们记住规定的步骤，并保证任何人都能取得相同的成果。这是因为，不这么做，任何一家店都不能提供相同质量的料理和服务。

所谓"投资回报"，是指相对于开店费用所得的收益。ROI（投资收益率）和 ROA（总资产收益率）要达到 20% 以上。ROI ＝利润÷投资额×100%。ROA ＝利润÷总资产×100%。利润是门店阶段性的营业利润，投资额和总资产相当于开店所需的总投资额。

要提高 ROI 和 ROA，你不仅要提高收益，开店时不浪费钱也很重要。你或许会觉得 20% 是高难度，但如果没有这么多，就无法满足在员工教育上的开销。

第三点是"创造地段"。意思是说，在其他公司不开店的地方，寻找到自己公司能开店的地段，或者通过改良自己公司的经营方式创造出能开店的地段。**一旦成功，你就会拥有一家规模较大的连锁店。**由于汽车社会的到来，最早注意到沿街门店有前途的大型家庭餐厅等，看重的就是"沿街"这个地段。

一听到地段，大家就认为只要门店在同一个地方，环境就不会变，但不是这样的。有魅力的地段，是会变化的。

例如，曾经大家都认为在车站的主要进出口 100 米以内的地段有魅力，很多门店竞相在那里开店。但是，有魅力的地段很抢手，房租和押金也很高。这样就没有利润了。于是百货商店在距离新宿和涩谷车站步行 15~20 分钟以内的地方选择开店，是之前没有人注意到的，但却取得了成功。一说起车站周边的地段，大家都关注车站后面和车站大楼等地方。以前没有人关注过高层办公大楼的一层，但美式咖啡连锁店却在那里开设成功了。

没有人注意到地段价值的时候，房租和押金都很便宜。正因为如此，在这种地段才能一下子增开分店。看到别人率先开店成功后，后起者就会在周边开店，但那时的房租和押金都会暴涨。和后起者竞争，先行者有着绝对的优势。

如果房地产公司的房产一直租不出去，你在那里开店能经营下去吗？如果很难，怎样才能经营下去呢？去想一下这些问题，这是"创造地段"的第一步。另外，房租要控制在毛利润（营业额–食材成本）的20%以内。成本率是40%，毛利润就是60%。因此房租要在营业额的12%以内为宜。

最后是"（顾客）便利"。生活一旦富足起来，人们想干的事就会变多。不想在吃饭上多花时间而选择单独外出吃饭的顾客也越来越多。这里所说的"顾客便利"有两种含义，一是上菜速度快，二是方便顾客来店消费。

在考虑"创造地段"的时候，你也应该参考这个要素。商圈内的店铺多了，那么各门店的顾客量就会变少，所以你要打造出顾客到店频率高的店来。另外，在顾客量变少的情况下，这个店还必须是男女老少皆宜的店。还有，不管你想开10家店，还是1000家店，都要记住，分店的数量不同，所需的商圈人口和来店频率也应该有所不同。你如果要开更多的店，商圈人口少的话还没什么，但必须打造成顾客来店频率更高的店。

此外，在你从一家门店发展到多家门店，开设大规模连锁店的过程中，所需的技能是完全不同的。如果把经营者比喻成教育者，从幼儿园到大学的所有阶段都需要他一个人来教，并不是一件简单的事。我自己认为，在学生成长的过程中需要由合适的教育者来指导，同样，要想让 Saizeriya 的门店数量超过目前的规模，就需要比我更合适的人，所以我辞去了总经理一职。

如果你想让门店火起来，就要不断把它卖给擅长将之连锁化的人。正是那个从创始人那里购买了麦当劳的企业家将它变成了世界最大的连锁店。

进军海外的注意点

最近，餐饮店进军海外市场备受瞩目。Saizeriya 首次在海外开分店是 2003 年在中国上海。现在已经在海外开了大约 80 家分店，主要集中在上海和广州。

这样说，或许能让人重新感受到海外的市场前景广阔，但 Saizeriya 进军中国的理由却不是这样的。

我们当时的目标是，在日本国内多开分店，并让公司股票上市，在餐饮业内能支付给员工高额的工资。为此我们还需要做很多事，这个目标在一定程度上基本成形。

另一方面，中国虽然在飞速发展，但是贫富差距还很大。如果 Saizeriya 进军中国市场，就可以给消费者提供低廉的意大利料理，也就能丰富普通市民的饮食文化。并且，日本有技术培训，应该可以给我们自己的员工支付比之前更高的工资。这样，还会对提高中国劳动者的工资水平做出贡献。

也就是说，我是考虑到在饮食文化和工资水平这两方面能为中国做贡献才进军中国市场的，并不是为了在海外大赚一笔。企业合并可能会给当地的合作伙伴制造麻烦，所以我选择自家公司单独出资，以"独资"开分公司的形式进军中国上海的市场。

我们是中国第一家允许独资开公司的外国餐饮企业，传达了我们想让中国人吃上便宜的意大利料理的热情。

不过，在中国开店最初却困难重重。料理的价格和日本的 Saizeriya 大体相同，与日本进军海外的其他餐饮连锁店相比，料理的价格要便宜得多。我一开始认为这是可行的，但开业后发现顾客根本就不来。

公司内部有人说一些"中国人不会连在 Saizeriya 吃饭的钱都付不起吧""要提高价格来保证收益"之类的话。

另一方面，我在渥美俊一老师主办的"天马俱乐部（PEG-ASUS CLUB）"活动中学习连锁经营理论的时候，结识了好朋友——NITORI 持股公司的总经理似鸟昭雄先生。他向我建议说："以中国的物价水平来看，Saizeriya 现在的价格过高。需要大幅降价。"

而负责中国业务的负责人甚至说，不提高价格就会倒闭。但是，我在中国开店是基于想让中国人吃上物美价廉的意大利料理的理念。提高价格的话，就不清楚为什么要在中国开店了。并且，我的想法和似鸟的建议一致。

于是我向中国业务负责人作出指示说："反正都会倒闭，索性与创业初期的做法一样进行大胆的降价，当时就是因为把价格降到市场价的 3 折才让门店成为顾客络绎不绝的旺店的。如果因为降价而倒闭，我的心里反而会好受些。"

我们首先把价格降到之前的 5 折左右。这样还是没有效果，后来把价格降到了 3 折。

于是，原本一天只来 100 人的店，一下子一天拥来了 3000 人。店前排队的人一整天都络绎不绝。为了在 Saizeriya 排号吃饭，有些顾客甚至在附近的店买来盒饭边吃边等。

因为一家店装不下这么多顾客，我们就在店周围开了新店让他们来就餐。增开分店的方法和创业初期一样。工资也是按照当地服务业的最高水平支付的。顺便说一下，现在在中国，意大利面卖 9 元（日元约 111 日元，按 1 元 = 12.3 日元计算），比萨卖 19 元（约 234 日元），沙拉卖 6 元（约 74 日元）。

我从进军海外的经验中重新认识到，没有获利是因为对社会的贡献不够。所以，Saizeriya 在中国也要通过大幅降价的方式，成为让当地人喜欢的店，只有这样才能获利。

今后要进军海外的餐饮店经营者应该明确一点，就是在进军海外后能为那个国家作出什么贡献。

另外，受到少子化、老龄化和经济不景气的影响，日本的前景不好，所以想到经济景气、前途无量的国家去发展的经营者最近好像越来越多。但是我认为这话说反了。

所谓做生意，就是去帮助别人。如果说日本的经济很糟糕，

那就会出现很多为此发愁的人，也就自然会形成"帮助别人＝有很多商机"的图式。所以没有必要特地跑到海外去。在日本国内要做的事情难道不是有很多吗？

附录 2

东日本大地震时 Saizeriya 是怎么做的
——Saizeriya 农场在受灾后也没有绝望

(《日经商业》 2011 年 4 月 25 日)

2011 年 4 月 12 日, Saizeriya 受东日本大地震的影响, 下调了业绩计划。本来打算在 2011 年 8 月纯利润实现创业以来连续 39 期增长, 却下调了 25%, 也就是 59 亿日元。令该公司痛心的是, 在门店使用的蔬菜中, 其中四成不得不放弃由 "Saizeriya 农场" 来供应。(截止到 2011 年 6 月)

Saizeriya 农场由大约 230 户签约农户和 1 家合作企业白河高原农场 (位于福岛县白河市) 构成, 始建于 1988 年, 源于当时正垣泰彦董事长看上了位于西白河郡东村 (即现在的白河市) 的农田。虽然 Saizeriya 当时只有 18 家门店, 但正垣泰彦董事长向当地农户呼吁说, "我们将来要发展成 1000 家分店, 大家一起干", 并且齐心协力一路走。

正垣泰彦董事长：

前不久，我收到一封福岛县农民女儿的来信。信中说："我以前很讨厌父亲，但我现在敬仰他的热情，并非常喜欢他种的'越光大米'。"信中的意思是，希望我给濒临危机的福岛县农作物想想办法。

虽然她的父亲和我并没有贸易关系，但因为 Saizeriya 在福岛长年和农业打交道，很有名气，所以她给我写了这封信。

我立即回信说："如果能把遭受的灾难当作精神食粮，一定能创造出前所未有的辉煌农业。不必担心。"日本农作物的价格世界最高，我认为应该在这种什么都没有的情况下，以大地震为契机，把这个问题一下子解决掉。

我举着"复兴农业"的旗帜，不断尝试着将农业发展成为高收益的产业，不仅建设了育苗工厂，还开发了生菜和番茄的新品种，并运营了一家不仅种植蔬菜和水稻，还饲养牛的大型实验农场。

由于东京电力福岛第一核电厂的核泄漏事故，福岛的农业不知道该何去何从。但是大家不要气馁。在东日本大地震中很多人丧失了生命，也有很多人的生活非常不方便。活着的我们必须带着他们的希望活下去。

有报道说，福岛县内的叶菜被检测出了放射性物质超标，所以 Saizeriya 农场的蔬菜全被推迟上市了，包括福岛长年合作的农户，还有自家的农场和大米加工厂。

当地的农户直接给我和（堀埜一成）总经理打电话说："很抱歉，如果东京电力和国家不给补偿，我们会采取行动，马上停止采摘。"他们是专门给我们公司种菜的，生活非常困难，所以我们给他们账户上汇了周转资金。这段时期本来是需要他们按照计划每天采摘4吨生菜的……

公司内部当然发生了严重的混乱。因为连店里库存的蔬菜也被即刻处理掉了。虽然我们急忙从西日本往东日本调运了蔬菜，但从门店暂时不提供色拉等菜品到菜单恢复正常，也花费了3天的时间。

即便如此，克服这场混乱所得到的经验却成为我们公司的一项技能。公司发展到今天，经历了种种危机，如创业初期门店着火差点功亏一篑，在从中国进口的比萨饼原材料中掺杂有害物质三聚氰胺，等等。

这些危机是让我们公司变得更加强大、更能减少浪费的机会。社会就是由一系列"裂痕"组成的，也是在处理这些裂痕的过程中进步的。

所以，在今天这种状态下，我们只考虑如何能为社会作出贡献。社会上总有人持有"日本已经不行了"的悲观论调，但是我还有很多必须做的事情，根本没有时间处于绝望之中。

意大利的皮埃蒙特作为食材和红酒的产地而闻名，Saizeriya选择白河市作为农场，是因为它和皮埃蒙特在同一纬度上，这里是该公司发展的源泉。正垣董事长对这里留恋至深，但从来不让我们看到他的悲壮。董事长所说的"必须做的事"到底是什么呢？

正垣泰彦董事长：

我们有专门的研究开发部门，里面的很多员工都是从农学院毕业的，这对餐饮企业来说是很罕见的。我们的总经理也是京都大学农学研究院的研究生，我们每次见面都会针对公司下一步该怎么做而互相出谋划策。

例如，有人汇报说，向日葵和油菜花可以吸收切尔诺贝利核电站周边的放射性物质，净化受污染的土壤。我们现在正竭尽全力地研究这种植物。虽然临近插秧的时期，但如果放射性物质的浓度仍然在基准值之上，我们一定会立即播种这类水稻之外的植物种子。

从为社会做贡献的意义上来说，就业变得很重要。让面临停业的门店重新开起来也是一种贡献，但我更想为农业做些事情。

事实上，与我们合作的白河高原农场前年在阿联酋的沙漠中进行了种植蔬菜的实验。随着世界人口的不断增加，食物不足的问题将会越来越严重。他们很想知道在水源不足、地下水盐分浓度很高的土地上，怎样才能够种出蔬菜来。

这次，大约相当于 JR（日本铁路公司）山手线内部面积 4 倍的农田遭遇了海啸。据说由于浸泡了海水，这些土地不能再耕种了。但是我一直在想，我们拥有一些应对严酷环境的农业技术，或许能想办法挽救被海水浸泡过的农田。我们已经开始了实地考察。

实际上，也有用含有盐分的水种植出来的蔬菜，所以可以把东北地区建成这样一个大型蔬菜生产基地。这或许是一次发展新型大规模农业的机会。如果进展顺利，将会解决包括福岛在内的整个东北地区的就业问题。

当然，我之前没有想过核电站会发生这种状况。福岛一直都是搞农业，并不认为核电站有风险，当地甚至还探讨过能否利用核电站的余热来培育一变冷就不长的番茄等问题。

核泄露的影响不只停留在蔬菜上。3 月 22 日在东京的金町净水厂检测出超过婴儿摄取标准的放射性碘。当天，东京的所有 Saizeriya 门店张贴告示说：“本店用水也是来自自来水。”

正垣泰彦董事长：

大型餐饮店中这样做的好像只有我们。因为我们本来就打算公开所有负面信息，虽然看起来没有必要特地张贴出来。

三聚氰胺引发的骚动之后，我们也是开诚布公，顾客却给了我很大的鼓舞，营业额和利润都有所增加。正确应对所有危机，不断完善反省机制，以此往复，企业就会变强大。

我对东京电力和政府完全没有批评和抱怨的意思。无论是国家经济萧条，还是政治环境不好，只有餐饮连锁店能够不断地为顾客提供物美价廉、安全放心的食物，是最重要的。我从来没想过要去操纵外部环境。

努力让沙漠种植蔬菜的技术在仙台重获新生

2011 年 4 月 12 日，福岛县农林水产部宣布：在"避难区域""计划避难区域""紧急避难准备区域"之外的地区检测到的放射性元素铯，已经降到了不允许种植水稻的标准值之下。Saizeriya 农场也总算可以开始插秧了。但是，由于福岛核泄露事故在同一天被国际评定为"7 级"，等同于切尔诺贝利核电站事故。这个原本对农民来说值得开心的插秧信息也因此销声匿迹了。

福岛县内种植蔬菜和大米的前途今后仍然有变数，即使国家和县厅能够证实它的安全性，恐怕舆论依然对此不利。Saizeriya 农场今后还会继续面对严峻的形势。但是，我们并非只是一味地等待国家和县厅去证实它的安全性而袖手旁观，而是已经采取了下一步行动。

合作公司白河高原农场的矢作光启董事长现在正在和仙台市若林区年轻有为的生产团队的负责人联系。这个生产团队成员包括因受核泄露影响而担心自身农业发展的福岛县的农场，以及由于海啸影响而使农田浸泡了海水，连农用器械也被冲走了的仙台市的农户。矢作董事长的想法是："虽然大家损失惨重，但或许存在协力合作的可能性。"

4月8日，矢作董事长和仙台市那个团队的负责人见了面，然后直接去参观了曾经是农田的地方。听说矢作董事长连一句"请大家努力，我们一起干"的话都没敢说。这是因为在那里继续发展农业是一条充满荆棘的路。尽管如此，矢作董事长在感受到那个负责人的雄心壮志之后，依然提出白河高原农场要在那个地方尽快建造塑料大棚。该公司能够从韩国进口材料，用低廉的成本建造大型的塑料大棚。

矢作董事长说："我不打算雇用志愿者，希望专家和专业的农民齐心协力，共同开创新的农业。"他在沙漠里用盐水尝试种植过几十种蔬菜。"没想到有派上用场的这一天"，他虽然也感到意外，不过这些技术或许在某一天能让仙台的农田重获新生。

文章来自《日经商业》编辑部　上木贵博

第 3 章

领导和团队的存在方式

——人之所以努力是因为能帮助别人

领导要有理想

对于经营者或者被委任为某个项目的领导来说，最重要的
是要对未来有理想，还要把这个理想不断地讲述给身边的人听，
以此来寻求更多人的帮助。

在 40 年前创业不久，我和创业伙伴过着每天下午 3 点开始
工作，第二天早上 8 点回家睡觉的生活。一年就休息一天。第
二年，一年休息两天，听说休息的时间增加了一倍，大家都开
心坏了。

我们为什么当时如此努力？是因为我向大家提出了连锁化
的目标。我们以市场价 3 折的价格提供正宗的意大利料理，所
以店非常火。所有员工都清楚，"如果现在努力，门店增加后就
可以当店长"。我认为，顾客也十分乐意来我们店消费，因此大
家工作起来很开心。

如果领导有目标和理想并不断地讲给身边的人听，身边的
人也会努力起来，而且还能把拥有知识和技能的新人聚集到自
己身边来，从这个意义上来说，讲理想也是很重要的。不论是
谁，一个人能完成的事情是有限的。

在成功实现连锁化之后，我们为了"从种子开始开发蔬菜"，在福岛县白河市建造了自己公司专用的农场，还在能廉价采购原材料的澳大利亚建造了工厂。任何一件事都是我当时的大胆决断。最初大家都对这个计划半信半疑，但在我不断认真讲述这如梦般的理想的过程中，很多人给了一臂之力，我才取得了成功。受到东日本大地震和核电站事故的影响，我们又在宫城县建造了新的农场，当地很多人和我们 Saizeriya 的理想产生了共鸣，也给我们提供了帮助。

聪明人不会像我这样说梦话："想让全世界都吃上每天都会吃、让身体自然有活力的料理。"他们大概是因为不想被身边的人当作傻瓜吧。但是，如果身边的人一直听到这样的话，好像也愿意帮助你实现这个梦想。我认为，优秀的人才中途陆续进入 Saizeriya 公司也是这个原因。

因此，我想劝大家不要想着赚钱或满足私利私欲，而是拥有让同伴幸福或者为社会做贡献的目标。并且，不要羞于表达自己描绘的理想。连长年陪伴我的妻子都担心我的目标太大了，说："你这个人怎么突然变奇怪了?!"但是我认为拥有这样的目标挺好的。这样一来，比自己优秀的人才应该会为了实现你或同伴的理想而助你一臂之力的。

与此同时，领导为实现梦想而建立假说，并且去不断验证的姿态也是不可或缺的。

Saizeriya 在因打 3 折而大获成功之前，仅仅是一个水果咖啡店或小吃店之类的店。当时来店吃饭的顾客一天只有 6 个人，我净想着如何才能让和我一起工作的同伴吃上饭。

在这个过程中，我突然想到要是能做出让顾客常来吃的像"麻药"一样的东西就好了。在食物中，像"麻药"一样的东西应该是全世界人类大量种植并一直在吃的食物。如果我们能做出这样的料理，在日本不可能卖不出去。

我查书后得知，世界上销量最高的蔬菜是番茄，谷物是小麦。橄榄油的产量在世界上也是很高的。

提到用番茄和面粉制作的东西，我就想到了意大利面。"什么？世界上吃的最多的料理竟然是意大利面？"这样的想法突然闪现在我的脑海里。为了验证这个问题，我出差去欧洲考察。于是亲眼看到了由意大利料理和红酒混搭的丰富美食，并确认了它非常适合作为家常菜。于是我最终决定把意大利料理原样带回日本。

在那之后，我把料理分成了 5 个要素继续进行检验。因为只说"做出好吃的料理就会畅销"太抽象了。这 5 个要素是"卖相（外观）"、"气味（饭前的香气）"、"口感（味道）"、"风味（饭后的香气）"、"价目（价格）"。

其中，任何国家的人对"卖相"和"口感"这 2 个要素的喜欢类型基本上是一样的。但是，对于"气味"和"风味"而言，却有一些差别，日本人喜欢酱油、黄酱的香气，而意大利人喜欢香草、柠檬和牛至叶（香辛料的一种）的香气。但是总体来看，没有太大差别。

作为常吃的食物，不同的国家有着不同的"价目"。我参考了消耗品的价格。因为每天都要吃的食物的价格，必须像消费消耗品一样让人不觉得贵。

顺便说一下，Saizeriya 的意大利面大多卖 399 日元，这是参考了以前销量很好的一本周刊漫画杂志的价格（200 日元左右）。我认为如果把一道菜的价格定在谁都买得起的杂志价格的 2 倍，顾客不会觉得舍不得。目前，我们公司正在考虑国外中国市场的最佳商品价格，仍处于不断尝试用作为基准的消耗品几倍的价格才能让消费者接受的阶段。

我认为大家没有必要和我做的一样，而是要制订符合自己情况的目标，并去检验效果，这样既会让自己开心，也一定会有利于门店的良性发展。

为别人想、做正确事、处理好关系

"经营"中存在"要改变的事项"和"不能改变的事项"。

要改变的事项是"经营手段",分为3类。其中一类是日常业务,每周都要变。它在连锁经营理论中被称为"战术"。

另一类是10年变1次,简而言之,要根据生活方式和消费行为的变化来改变商品的销售方式。

比如,根据被称为"人口统计学"的人口统计分析和社会形势的变化,把街边为主的门店变成在大型购物中心(SC)开店;根据少子化和老龄化的不断加剧,增加使用蔬菜的健康食谱。这些都相当于第二类情况,在连锁经营理论上被称为"经营战略"。而与经营战略有所不同的是每30~40年要做出改变的事项,被称为"战略"。例如,研讨M&A(企业并购)之类的事项就相当于这种情况。

另一方面,也有"几十年都没有改变,也不能改变的事项"。就是所谓的"经营理念"。

经营理念是指我为什么要开这家店(Saizeriya)。我每年都一定会对新员工谈经营理念。任何事情的结果都会受到当事人思考方式的影响。正因为如此，灌输经营理念，对培养人才来说是不可或缺的。

Saizeriya 的经营理念是"为别人想、做正确事、处理好关系"。"为别人想"是指让顾客开心就相当于增加顾客量。 只要能增加常客的数量，营业额和利润都会随之增长。这来自我在创业初期的"亲身体验"，当时我虽然为顾客太少而犯愁，但是依然努力干，后来常客多起来，还排起了队，最后店里都容纳不下了，于是我就在附近开了分店，这是公司连锁化的契机。

所谓"做正确事"，就是"正确地经营"，也就是"让公司、员工和顾客都开心，并通过大家互相商议来改进经营方式"的意思。为了实现这个目标，Saizeriya 让所有操作流程变得"标准化"起来，并在不断地完善它。

顺便说一下，所谓标准化的秘诀，就是去思考能否让所有员工都可以掌握最优秀员工的"拿手好戏"。

经营理念中最后的"处理好关系"，顾名思义就是"员工之间处理好关系"。为此必须对他们作出公正且客观的评价。人只有能被别人作出正确的评价才会努力。 作为其中的一环，公司要向员工公开声明，只要掌握了什么样的技能，干了什么样的工作，就会获得多少薪水。

在 Saizeriya 工作的人，从高层管理人员到现场操作员工，都必须在"为别人想、做正确事、处理好关系"这一经营理念的基础上进行思考和行动。

　　但是，经营理念所说的事项，毕竟是作为理念提出来的，所以非常难以实现，这也是事实。正因为如此，经营者必须向员工不断灌输自己公司的理念。如果不加强记忆，连经营者自己也会怠慢这些理念的。

　　更何况只对新员工说一次，是不可能让他们完全理解的。因此，我在让他们掌握工作要领的过程中，还要让他们学习 Saizeriya 的理念。我要求员工在成为一名称职的店长之前，必须用 10 年的时间，从洗碗的工作到管理层的工作，牢记 200 多项操作流程。逐一记下这些，也就切身记住了我们公司的理念。

　　如果一名店长养成了体现这一理念的"良好习惯"，那他应该具备了领导能力，也应该能成为向总公司和现场员工提出并践行各种日常业务改善方案的人才。由此成长起来的人才，还有可能提出并践行开发新业态和拓展海外业务等整个公司的改革方案。

　　就像对员工传授经营理念一样，经营者还必须从一开始就要说清楚：积累多少职业经验，就会掌握多少技能，也就会被委任一个怎样的工作。这同样重要。到此为止，我说的是 Saizeriya 的对策，我认为经营理念是凝聚"志同道合的人"的旗帜，所以你一定要整理成文章，让更多的人看到，否则无法凝聚优秀的人才。

与此同时，在这面旗帜下一起努力的时候，你必须让每一位员工明确知道"有开分店制度""在任何门店都能成为制作寿司的大牛"等未来的晋升空间。这也和经营理念一样，是不能轻易改变的部分，否则员工们就无法安心工作，不能掌握工作要领，也就很难发挥出自己的力量。

商业是磨炼心性的修道场

工作的话，只要努力干，就会感到它有"干的价值"，继续努力，就会感到它有"人生的意义"。"人生的意义"就是"活着的证明"。要继续保持高水平的努力，就必须在工作中找到更高的价值。但是，即使对于找到了价值、相信自己工作出色的人来说，保持持续努力的状态也是一件很痛苦的事情。

假设一个旺店的经营者决定只提供物美价廉的东西。总有一天他会改变想法，认为东西即使不便宜，只要好吃也能畅销。这是因为他不知不觉地感受到，比起薄利多销，卖毛利润高的商品反而让经营者更加轻松。于是他在不经意间就忘记了自己的初心，改变了经营方针。

我不想被大家误解，要追加一句，我并不是指责卖高价商品这件事。问题在于，自己理应不辞劳苦地感受"人生的意义"，却常常不知不觉地避难就易起来。

避难就易的思考方式类似于"天动说"。众所周知，以前的世界观认为太阳和行星围绕地球转动。**人就是以自我为中心思**

考事物，并得出对自己有利结论的生物。但是，如果能够看到事物的本质，就会发现世界并不是以我们为中心转动的。也就是说，我们就能像"地动说"那样客观地看待事物。

经营者一方面要努力看清事物的本质，另一方面要与在公司和店里工作的同事们打成一片，这也是很重要的。把大家的心团结在一起的方法是固定的，那就是经营者要明确自己的志向，如"为社会做贡献""帮助别人"等。

下班后，要反省"今天真的让那个顾客开心了吗"。即使第二天用不到反省的内容，需要从头做起，也同样要重复反省。能否重复反省，会使结果有差别。

在这里，经营者可以不追求100%的成功。当有"正确"方向和"错误"方向两条路时，把51%的力量用在正确的方向上，就能够稳步朝着正确的方向前进。经过1年、2年、10年的时间，和竞争对手之间应该就会有很大的差距了。

餐饮界的盛衰沉浮激荡不止。其中，Saizeriya能在起起伏伏中挺到现在，是因为我们公司把自己定位成"制造直营业"，从种子的开发到食材的冷冻、再到加工和运送方式，一直采用最先进的技术。一天天看过来，虽然有接二连三的失败，但是我相信我们的做法是对的，并在不断地改善着。

从某种意义上来说，商业就好像是磨炼心性的修道场。包括我自己在内的经营者经常与"想做更轻松的生意"的诱惑做

斗争。在 2010 年 7 月 21 日去世的渥美俊一老师，起到了让这些经营者动摇的心恢复为初心的作用。渥美老师主持过学习连锁经营理论的"天马俱乐部"，大荣、伊藤洋华堂等知名零售餐饮店的经营巨头们都接受过渥美老师的指导。

渥美老师有一个"想让大家的生活变富足"的纯粹又宏大的梦想。他与其说是顾问，不如说更像是招募一群志同道合的人来改变世界的宗教家或哲学家。参加天马俱乐部的经营者们也净是抱着"为了顾客""为了社会"的梦想而努力工作的人。尽管如此，经营者还是容易受眼前事情的影响而摇摆不定。这时听听渥美老师的课程，就能回到自己的初心。

我与渥美老师之间有很多回忆，我 43 岁的时候，受渥美老师及其家人之邀共同巡游海外。这次坐船去海外旅行是他家人的意思。因为一有可以通电话的地方，渥美老师就会不自觉地开始工作。旅行途中，渥美老师鼓励我说："事业有成都在 50 岁之后。如果你继续做目前正在做的事情，一定会开花结果。"对我来说这是一次难忘的回忆。

渥美老师知道流通业的创业巨头们事业腾飞、出现巨大转机的年龄大概是 43 岁，所以为了鼓励当时 43 岁的我，就花时间进行了这次海外旅行。10 年后我 53 岁，公司的股票上了市，我想这算是稍稍回报了老师的期待。

渥美老师的各种著作阐述了商业的根本，经营者的成长阶段不同，学到的内容也不同，实属真正的佳作。如果想在日用品、家常菜领域实现连锁化，我想让您买一本渥美老师的书，并读上 100 遍。

只能从失败中学习

如果你每天忙于工作，没有综合考虑让门店良性发展下去的时间，那就应该减少不必要的、不紧急的工作来创造时间。在现场工作到筋疲力尽，不是经营者和店长要做的事。**经营者和店长的工作是"思考"。**

创造时间首先要从"整理、整顿"开始。如果你和以前的我一样，是一名经营者兼厨师，那么从厨房内的整理、整顿开始下手来创造时间如何？为什么把那些器材和食材放在那里？有没有更便于操作的厨房布局？放弃那些几乎不被点却浪费库存空间的菜是否会更好？……

工作效率提高后，既不容易疲劳，还能有效利用时间。人真是不可思议，一方面能够轻易做出增加工作的决断，比如引进新菜品和新服务等；**另一方面，却很难做出决断来减少那些毫无意义的工作，这是为什么呢？当意识到不能再继续增加工作，它已经成为负担的时候，就应该试着放手一次。**

只有有了时间，才能去认真思考"为什么没有利润""怎么能卖得更多"之类的问题。

要发现一些问题点，建立假说，实施改善对策，并用数据来检验结果。要想让这一连串的事项取得成功，只有去"看事物的本质"。

所谓"看事物的本质"，就是要有利他精神，要把为社会做贡献作为前提。这不是在说漂亮话。因为只有顾客认为物超所值、还想再来的店，才能把生意做下去。

而且，要看事物的本质，就要只去仔细考虑一个问题。这样一来就会发现，这一个问题背后叠加着 10 个乃至 100 个原因。我认为这和把物体不断放大下去，就能看到无数个分子、原子和粒子（物质的最小单位）的道理一样。

要看到事物的本质，需要别无二心的"集中力"。同时思考两件以上的事情，看起来只能是通过简单的模仿和小聪明来赚钱的技巧。我自己做某件事不顺利，就是在集中力不足、考虑事情太简单的时候。

不过，我并不认为失败是一件坏事。**经常有人想从成功的经验中学习东西，但是这些成功基本上纯属"侥幸"，所以几乎不可能从中学到东西。只有不断失败，从失败的经验中学习，才能接近成功。**

假设用某种方法失败了。只要下次不再重复这种方法，至少不会出现同样的失败。这样就会接近成功。这里重要的是，要意识到失败的原因是自己对待事物的看法错了。如果没有这种意识，就会把原因归结于部下、地段，或是经济不景气，也就无法从失败中学到东西。

例如，我们公司在尝试新业务的时候，也会特意把地段、商品内容和价格分散设置，多开几家店。因为需要反复试验，收集数据。

乍一看像是做了无用功，但越是失败就越能把握住问题点。这话放在现有的店里也说得通，找出问题点本身就是极好的事。只有改善了这些问题，门店才会确实好转。

想办法让大家的工作更轻松，是 Saizeriya 店长的工作。不做无用功，身体上会更加轻松，可以更加高效地工作。所以，所谓提高效率，就是思考如何才能更轻松地做事。从现场收集改善提案后，根据需要，总公司要建立项目组，努力解决问题。说得理想一点，我希望达到一周成立一个项目组的速度，但还没有达到这个程度。

我们还有一个机制是，店长们可以通过电子邮件直接向我提出解决问题的方案。一年寄过来的信件数量大约有 1 万封。我会全部看完，并在各地区的会议上，或者通过回信等方式，对他们的提案进行回复。

收到提案的数量庞大，我虽然很开心，但是弄清楚哪里有问题的能力还远远不够。**正确掌握问题点，需要养成思考为什么自己觉得这是个问题的习惯，而不是去想问题在哪里。**我想让大家知道这一点，这样就能对店长们的提案发表自己的感想。

"经验"决定能力

我一直认为，无论是让 1 家店火起来，还是让 100 家店火起来，最重要的地方都是一样的，不是"去赚钱"而是"能赚钱"。

"去赚钱"是把自己的利益放在第一位。这样必然会在某个地方停滞不前。而"能赚钱"是最先考虑让顾客开心。顾客开心了，自然会得到利益，结果就能赚钱。换句话说，做生意一定是以让顾客开心的形式为社会做贡献的。

这个大原则，无论对于厨师长兼经营者经营的个体店，还是我们这样的连锁店，都是一样的。

个体店的厨师长兼经营者使出浑身解数做出深受顾客喜爱的料理，是因为这个人曾经掌握的"手艺"在起作用。不过，这是其他人无法模仿的。

再说连锁店，要想增加分店数量，扩大公司规模，必须建构教育员工、培养人才的机制。教育就是让员工学习"知识"，积累"经验"，从而让他们掌握"技术"。这里所说的"技术"和"手艺"显然不同。手艺是只有特定的人掌握了之后才能发挥出来，而技术，只要记住了规定的顺序，谁都可以取得相同的成果。你要把这个技术教给别人。

我认为决定员工工作能力的要素中知识占两成，经验占七成，对经营哲学的理解占一成。也就是说，决定能力最为重要的因素是能否积累足够的经验。

所以，经营者需要定期进行人事调动，让员工在一个岗位上待 18 个月最理想。因为即使在同一个岗位上待更长时间，学到的东西也不会更多。

例如，只要把东京新桥的店长调到新宿当店长，即便工作内容看起来没什么不同，也能使他成长更多。进一步说，委任员工去做他认为自己不擅长的工作，也会成为使他大幅成长的契机。当然，刚调动完工作后，他可能会经历各种失败，但我觉得有句格言说得好，"成功的人比任何人失败的次数都多"。所以经营者可以这样做。员工的能力是靠计划培养出来的。

并且，如果一个经营者想把公司做大，除了做菜以外，还必须关心教育。现在畅销的菜品，必定会被别人模仿。自己擅长做菜，如果不把它变成"技术"传授给别人，即使增加了门店数量也不会一帆风顺。这么想来或许就会明白，要想和别人竞争几十年，培养人才和建立团队才是更为重要的。

顺便说一下，Saizeriya 都是考虑把合适的工作交给 45 岁以上的员工去做。在此之前会定期进行人事调动，让他们立足于门店，在商品、工厂、财务、人事等方面积累各种经验，来提高各自的能力。

Saizeriya 的员工首先要①掌握店里所有的现场操作（20 多岁）。掌握了之后，要②能够提出日常业务的"改善方案"（30多岁）。积累了这些经验之后，接下来还要③能够拿出从根本上改变门店现状和工作现状的"改革方案"（40 多岁）。积累了思考改革方案的经验之后，就应该④能够思考出着眼于二十、三十年后的长期计划来（50 多岁）。

另外，日有一新的"改善"也很重要，但是我还想在此强调一下，只是这样总有一天会行不通的。随着时代的发展，终有一天需要根本性的改革。电视的技术革新或许就是个比较容易理解的例子。如果仅仅是不断进行改善，虽然电视的画面越来越精美，但是 3D 电视这种东西就不可能问世了。

所以，要让能够思考到"改善"的员工致力于"改革"之中。顺便说一下，对于如何才能抓住发端于世界某个角落的根本性变化，我认为只有让有能力"改善"和"改革"的人才去进行"竞争对手调研"才行。

现在如果没有胜任经营门店的人才，那先让有潜力的人大致掌握现在的工作，并让他思考日常业务的改善方案怎么样？如果他能完成得很好，再让他去想根本性的改革方案。经过这个过程，这个人的能力应该会有很大提升。需要注意的是，要在他的劳动时间里，减少体力劳动时间。如果身体很累，是不能很好地进行"思考"的。

每周对商圈内的情况做一次调查

我发现在仔细考虑事情的时候，自己总是一味地感叹"为何""为什么"。虽然我不是留下"我思故我在"这句话的哲学家笛卡尔，但我还是认为，在这个充满未知的世界，确实存在着思考"为何""为什么"的自己。

世界充满未知，而且在不断变化。所以我们依然不明白这个变化会带来怎样的影响。可以说经营餐饮店也是如此。

例如地段。虽然门店一直在同一个地方，本应没有变化，但是附近修建了新的道路，或者建造了购物中心（SC），就会让门店一带的环境渐渐改变。

出现竞争对手是显而易见的变化。如果你的店是一家提供家常菜的店，那与便利店也有竞争关系。你要知道他们正在卖什么，并提供他们做不了的食物。

并且，在厨房器械等设备上还有技术革新的变化。如果竞争对手使用了比以前更有效的好器械，而自家店没有用，或者都不知道它的存在，同样也有麻烦。顺便说一下，关于设备的技术革新，虽然去做竞争对手调研很重要，但从专业杂志等资料上努力收集各种信息也是不可或缺的步骤。

自家店的顾客减少，也意味着一个变化：以前一直都很满意的顾客不再满意了。要去调查探究原因，考虑改善对策。如果是个体经营的店，这当然是店老板的工作。店老板应该每周休息一天，调查一下自家店商圈内的变化和竞争对手的动向。

另一方面，如果是连锁店，店长只是经营门店就已经精疲力尽了。取而代之，调查商圈内的变化，思考对策是区域经理的工作。Saizeriya会给5~6名店长（本公司叫"区长"）配备一名区域经理。

掌握区域内的变化，同时指导店长开展"制订工作计划（一周的人员配置计划，由此来决定人工费)""保护维修设施""教育员工"等方面的工作也是区域经理的任务。所谓教育，就是自己做给对方看，再让对方做给自己看，并检验对方会不会做。所以区域经理需要每周去两次有问题的店，一天用来指导，一天用来检验。

通过掌握商圈内的变化和指导店长，区域经理可以控制整个区域的开销情况。另外，Saizeriya不对区域经理和店长设置营业额的目标。因为门店的营业额是由地段、商品、门店面积决定的，如果营业额变差，则是开发商品的总公司的责任。

尽管如此，如果营业额有限，理论上能算出期望的开销是有限的，营业利润额也是有限的。区域经理要承担起责任去确保应有的营业利润额。

区域经理也是该地区制订"竞争对策（调查竞争对手，采取对策）"的负责人。但是，即使在负责的门店附近新开了一家格外便宜的拉面店，顾客流向了那里，也不能靠散发促销传单来拉回顾客。

我认为竞争对手变多是一件好事。这样会增加顾客的选择，让社会富足起来。不过，出现竞争对手后，我们必须掌握周几、哪个时间段的顾客量减少了多少等信息，然后通过减少该星期和该时间段的负责人员来减少人工费。另外，如果竞争对手的商品吸引人，就应该建议总部开发出不输于对方的新商品，这也是区域经理的工作。

在我们公司，能完成如此精确控制开销又能正确进行报告、提案的区域经理，就会进入下一个阶段，晋升为总部的员工。

一下雨，有些店的顾客量就减少，而在购物中心的店的顾客量反而会增加。门店周围的环境多变，如果不持续假定问题点在哪里，应该怎么做，然后去检验它，那么控制开销的精确度就上不去。

恕我旧话重提，即使看上去门店在同一个地方照常营业，经营者也必须意识到周围的环境正在不断地变化。所以，要抽出充分的时间来掌握商圈内的变化。如果没有时间，店内的打扫和会计事务就委托专业人士去做，甚至把与本店的优势无关的工作外包。

为了不忘记做生意的初心

在迎接新年之际，或许有很多人会重拾初心，在心中发誓今后的一年要努力。而对我来说，因想起了 40 年前第一次开店的事情，而精神为之焕然一新。

开店之初，也有过一天只来 6 个人的时候。出现转机，是在我学习了正宗的意大利料理，并以 3 折的价格销售之后。

店里的生意突然就火起来了。顾客们也为我开心，每天都来的常客越来越多。工作也相应地变得快乐起来。一点都不用担心是否付得起员工的工资。利润多得甚至能开一家新店。

我从实际经验中产生了本公司的经营理念——"为别人想、做正确事、处理好关系"。所谓"别人"，就是顾客，顾客量增加，是让顾客开心的证明。所谓"做正确事"是指将操作流程标准化，按照一定的水准提供料理和服务。所谓"处理好关系"就是要公正地评价每一位员工，让他们齐心协力一起干。如果不做正确事，不处理好关系，就不能让顾客开心，顾客量当然也不会增加。对我来说，回想起创业初期的事情，也就意味着重拾起经营理念。

因为社会在变化，我们要想让顾客开心，就必须不断地进行努力开发新事物的"实验"。即使实验没有达到预期的效果，也不能把它看作失败。这只不过是方法错了而已。但是，也有无论挑战多少次都不顺利的时候。这时，应该看成自己的想法错了。

也就是说，要想一想自己是否只追求赚钱和眼前的利益，而忽视了餐饮店让顾客开心的初心。对我们公司来说，这意味着要自我反省一下有没有沿着前面讲的经营理念来行动。

在做某件事怎么都不顺利的时候，去想自己的不对，是最具建设性的想法。顾客被竞争对手抢走了是因为经济不景气，业绩不好是因为部下的能力不足，如果这样把失败的理由都归咎于他人，将会寸步难行。世间所有的结果，当然都有原因。如果以原因在自己身上为前提进行实验，成功的可能性就会变大。

另外，所有"实验"的前提条件是去思考为什么这样做，为什么应该这样做，并且最好自己把它整理成文章，一边整理要点，一边进行实验。只要不再重复同样的失败，走向成功的可能性就会变大。

我们 Saizeriya 现在正在顺应社会变化，对"健康食品"进行实验。健康食品，顾名思义就是对身体好的健康的食物。

这和鼓吹使用有机蔬菜、盲信栽培专家的"健康理念"完全不同。Saizeriya 追求的健康食品是指可以用数值表示的健康食物。具体是指做出降低"热量"、"盐分"、"糖分"和"脂肪"四大指标，同时令顾客满意的食物。

岁月轮转，我们和顾客都会变老。从人口统计学（伴随人口变化而发生的变化）来看，老年人在增加，年轻人在减少，人口金字塔呈现出倒三角形的趋向。

在这样一个时代到来之际，我们 Saizeriya 为了让顾客开心，不可或缺地要从健康食品的视点出发，推进料理的改良。我想这也适用于大多数门店。

在以前的餐饮中，"热量"和"盐分"越高，就越被盛赞为美味料理。所以或许就有人会觉得，如果减少这些会丧失客源，但是没必要担心。

例如，根据年轻的女性越来越爱美、患有生活方式病①的人正在增加这些情况也可以得知，在现代人的日常饮食中已经过量摄取了"热量"和"盐分"。我们需求的不应该是热量和盐分过量的饮食，而应该是健康食品。

所以，我们应该注重蔬菜。就像沙拉，除了调味汁，其他部分的热量几近于零。我们公司拥有直营农场，在从开发种子

---

① 生活方式病：是发达国家在对一些慢性非传染性疾病进行了大量的流行病调查研究后得出的结论。这些慢性非传染性疾病的主要病因就是人们的不良生活方式。包括：心血管疾病、脑血管疾病、糖尿病和一部分恶性肿瘤。

开始亲自培育适合做菜的蔬菜方面略胜一筹。汉堡牛肉饼也尽可能使用瘦肉来减少热量。还会通过使用辣椒和香料进行调味，来减少盐分。

随着时代的变迁，我们也必须改变为社会做贡献的方式。

公正的认可最重要

我在视察自己公司的店时，即使发现员工不按规定盛菜，现场混乱，也不会因此发火。餐饮店的顾客量变动频繁，所以和工厂不同，不能按计划行事。高峰时期，工作不能像平时那样仔细，从某种意义上来说，这也是没办法的事。

但是，我会这样想，高峰时期工作不仔细是因为**现场要做**的工作太多。忙的时候容易出现疏漏的是"装盘""切菜""调味"这3个工序。如果能在厨房减少这3个必须做的工序，就应该能减少操作中的疏漏，不使现场混乱。

也就是说，比起怒斥员工做不到，更应该去思考他们为什么做不到，减少他们做不到的工作。所谓能做到，是指有知识，并能依此付诸实际行动。也就是掌握了"技术"。所谓"技术"，就是说只要记住规定的步骤，任何人都能得出相同的结果。如果向别人学习后不能和他做得一样，就不叫技术。

所谓"教育"，是指传授"知识"和"经验"，让员工掌握"技术"。例如，要把桌子擦干净，就要明确制订"用抹布在桌子上左右来回擦4遍"的步骤（＝知识），并让员工去做（＝经验）。这样想来，如果因为员工没把桌子擦干净而发火，就太可笑了。如果员工不懂或不做规定的步骤，应该去改进之前没有把知识和经验传授给他们的教育机制才是。

进一步说，我认为员工只是具备只要努力接受教育就能做成事的"毅力"和诚心实意的"心情"，是没有太大意义的。

所以，看到努力的人，虽然给予鼓励也是对的，但更重要的是公平地"认可"员工的工作。

例如，试着想一下学生的心情。学生被父母和老师表扬说"学得不错"或许很开心，但这和被心仪的院校录取的开心应该是不能比的。被心仪的院校录取，学生就能真实感受到自己的努力得到了正当的认可。工作也是如此。**员工要想感到工作开心，就一定要受到正当的认可。人得到认可才会开心。**

并且，认可等于"报酬"。认可度高了，与之相应的报酬也一定会增加。

我们店对小时工的认可度是由各家店配置的 3~5 名培训师（小时工中的成手）和店长商议决定的。对店长的认可度是由统管 5~6 家店的区域经理和大区负责人商议决定的。

正因为联动了"工作""认可""教育""报酬"这 4 个方面，才能让员工明白在哪些方面努力会得到正当的认可。虽然表扬他们也是对的，但是如果没有形成这种机制，员工们就会丧失斗志。

那么，有什么选拔优秀人才的方法吗？

如果是同样经历的员工，应该提拔谁？原则上应该从候选人中选择业绩最好的人。如果小 A 削减了 150 万日元的成本，而小 B 消减了 200 万日元的成本，就应该提拔小 B。

但实际上谁都分不清 A 和 B 中的哪个人更有领导能力，更能胜任新职务。也有员工很介意比同期进公司的人晋升早一年或晚一年，但是之后早晚都能找补回来这种差距。有些人在年轻的时候因为精明能干而被周围的人奉承得晕头转向，等自己意识到后反而会停滞不前，这是常有的事。另一方面，更多的人则是在年轻的时候不起眼，沉默寡言地埋头苦干，从 40 岁左右开始崭露头角。

但是，只有一点可以确认的是，经过"失败复活赛"的人，之后会有所发展，正所谓"大器晚成"。

Saizeriya 在一年时间里拿掉了 5% 的店长，让他们降职为店长助理。之后再次升任为店长的人由于反思了以前的工作方式，所以和以前相比变得更能胜任工作了。而且，他们也理解了完不成工作的人的心情，所以也擅长指导了。

我在为店长助理开的"助理会议"上敦促原本是店长的人说："你们都有前途，加油干。我期待着。"这不是在安慰他们，而只是在传达一个事实。

数值的目标要统一

有机会见到一流的厨师，是件令人激动的事。他（她）们拥有自古师承有序、如神技一般的"手艺"。食材怎么切，怎么搅拌，怎么加热……全都是感性的，任何人都无法模仿。

如果能碰见一流的厨师，他有灵活的想法，并对 Saizeriya 的菜品开发感兴趣，我想邀请他说，能否助我一臂之力？从种子的开发到食材的冷冻、加工和运送方式，Saizeriya 总是一直在不断追求科学的最佳状态，但是这并不只是依靠优秀厨师拥有的"手艺"。

例如，一个具有优秀"深冲"手艺的匠人，东京墨田冈野工业的经营者冈野雅行，受 NASA（美国国家航空航天局）等公司的委托，用他的"神技"，做出了前所未有的产品，为宇宙开发事业作出了贡献。这是一个结合匠人神技和科学方法生产出全新产品的好案例。我们也希望和优秀的厨师之间建立这种关系。

但是，靠之前掌握的"手艺"来取胜的厨师和 Saizeriya 的商品开发部门各自的背景完全不同。所以，即使要商议菜品的问题，最初也是无法用语言沟通的。如果能不急不躁，互相去理解彼此的不同之处，就应该能形成富有成效的合作关系。

出现"无法用语言沟通"的情况，也没什么稀奇的。**餐饮店经常使用"好吃""关怀"之类的非常感性的词。这些词，只是这样来表达，却很难被充分理解。员工即使按照指令行动，也不知道该做什么好。总之不具有"再现性"。**

以"请再做得更好吃一点"这句话为例，员工是完全不能理解具体该怎么做的。如果下指令的人希望厨师在味道上做出真正期待的"美味料理"，就要从调味料的量到煮多少分钟，进行详细说明，否则就无法再现"美味料理"。

问题是，人们容易认为只用感性的词语来说明，就已经给予了充分的指令。同一件事情被提醒了很多次还是记不住而被训斥的时候，很多员工只会道歉说"对不起"。也许有些人对此很沮丧。但是，这是下指令的人的错，怪他们一开始只是用感性的话语下指令导致无论下多少指令，训斥多少次，门店都不会往好的方向发展。

我虽然这么说，但人类还是去感性地思考和说话。这也是没办法的事情。把平时好像谁都明白的话变成准确的指令，也是不现实的。

所以，如果想让员工齐心协力朝着共同的目标不断改善，应该统一"词汇"的定义。如前所述，"把桌子擦干净"这句话，应变成"用抹布在桌子上从左到右来回擦4遍"。这样才能让交流变得特别顺畅。

并且重要的是，要统一目标数值。

例如，Saizeriya 的经营理念是"为别人想、做正确事、处理好关系"（参考第 102 页）。所谓"别人"，就是顾客。公司一直在以这个理念来追求"增加顾客量"。

一旦决定了公司集体追求的数值，所有员工都要为提高这一目标数值而努力工作。比如，店员为了增加顾客量要打扫卫生，采购人员为了增加顾客量要去采购。各部门员工为了目标要具体做什么，必须由经营者和领导"翻译"给他们。

经营者或领导可以时常改变追求的目标数值。比如去追求"营业利润"，再比如在想收集调查问卷的时候，去追求调查问卷的回收份数。但是同一时间追求的目标要统一，而不应该增加到 2 个或 3 个。因为人类还没有聪明到可以一次追求几个目标的程度。

例如，日本国家足球队取得的成绩充分说明了大家共同只追求一个目标的厉害之处。为了进球这唯一的目标，大家自由行动，互相配合，互相帮助。进球的运动员不会归功于自己，在赛后的采访中一定会说感谢队友的话。

我认为，全神贯注地共同追求唯一的目标，是为了提高所有人的认识，每个人都会因此认识到自己应该做什么。

本书在《日经餐厅》2009 年 5 月号—2011 年 7 月号
连载的"最后关头的经营学"的基础上修改而成

后 记

经营大佬口中的
"正垣泰彦"

NITORI 控股公司总经理　似鸟昭雄

　　我与 Saizeriya 的董事长正垣泰彦成为朋友是 10 多年前的事，缘于我们都是"天马俱乐部"的会员，在一起坐飞机去塔希提岛①开研讨会时，座位相邻，而且在开研讨会的 3 天时间里，我们又住在旅馆水上木屋的同一个房间，更增添了亲切感。顺便说一下，我比正垣先生年长两岁，都是 50 多岁。

　　或许大家会问为什么 50 多岁的企业经营者去高级休养地还和别人挤在一个房间。然而，渥美俊一老师主持的"天马俱乐部"考虑的是，两个人住在一起可以交流，便于良性互补，可以实现"让日本人生活变富足"的理想。渥美老师的学生都认为这很正常。

　　研讨会期间，我们白天忙于听课，晚上稍有空闲。我们俩

---

　　①　塔希提岛：别称大溪地岛，法属波利尼西亚的最大岛屿。

彼此从如何起家谈到现状，一直谈到深夜。听他说话很有意思。他说凡事都要尝试后才明白，所以在学生时代还到野外露宿过，并从中深感社会是由各种人组成的，都在各司其职，互帮互助。我还听说他甚至从学生时代就开始做生意了。

我为他的行动能力感到吃惊。我们住在水上木屋里，脚下就是美丽的大海。正垣先生好像对海贝很感兴趣，尽管嘴上说自己不擅长游泳，但还是戴着通气管一下子跳进了海里。从此事可以看出他很有胆量，我十分佩服。

正垣先生在大学是理科出身，而我的半辈子自认为很讨厌学习，虽然在这一点上不同，但作为经营者，我们有共通之处。其中之一就是很早就有了自办的工厂和物流，并在海外开展了业务。

当时渥美俊一老师反对连锁店拥有制造和企划的功能。因为如果人才和资金被制造部门拿走，门店的发展就会相对滞缓。依赖客户而生存的公司和自己开办的公司相比，困难确实完全不一样。

NITORI 是为了援助经营困难的家具制造商而建立的工厂。而且于 1994 年在印度尼西亚，2004 年在越南设立了自营工厂，2007 年在中国设立了物流中心。另一方面，正垣先生的 Saizeriya 于 2002 年在澳大利亚建造了工厂，2003 年 6 月进驻中国上海创立了自己的子公司。我们两家公司的立场也有相似之处，并时常互报近况。

其中再次让我感到作为经营者的正垣先生很厉害的地方是他的"率真"和"灵活"。这本书也有所提及，Saizeriya 进军中国市场的最初阶段并不顺利。

当时，由于正垣先生在中国的事业处于赤字，很是发愁，向我寻求意见。我建议他把价格"下调"到三分之一以便符合中国人的收入。他立刻就实行了，如今在中国已经有 77 家门店之多。当然，他不是因为被我说了才去做的，而是他本身就有问题意识。

至今为止有好几百个经营者向我寻求过建议，虽然我给他们讲过我自己的想法，但是付诸实践的，只有包括正垣先生在内的一小部分人。无论是谁，都会受到自己曾经做法的束缚，而正垣先生却没有。因为他有不固执于从前经验的灵活性。

"率真"和"灵活"，甚至想帮助社会、帮助他人的"理想"和"愿景"，必须是每一个事业成功的人常备的意识。顺便说一下，NITORI 把"理想""愿景""意志""决心""好奇心"称为"成功五原则"。正垣先生和我一相遇就能关系融洽，或许是因为我们看重的东西是重合的。

当然，就经营方式而言，我从正垣先生和 Saizeriya 那里要学的东西还有很多。我们 NITORI 的口号是"NITORI 质量至上"，为了做出物美价廉的食物，餐饮连锁店需要增加门店数量，在规模效益上不断提供更好的商品。

要扩大连锁店的规模，三四十岁的人才应该是主力，他们对公司的贡献是不可或缺的。因此需要向他们支付与之相应的薪水。当然，我认为经营者应该会意识到，这里存在一个问题，就是包括餐饮业在内的流通服务业的劳动生产率低下。

劳动分配率（＝人工费/毛利润额）应该是毛利润额的38%左右。要支付高工资，就只能提高生产效率和增加员工人均毛利润额。无论是门店还是工厂（餐饮的话是中央厨房）今后都有必要推进"生产改革"，将现在的工作量让原来一半的人去完成。因此我认为，需要构建一个不依赖"人海战术"的经营方式，Saizeriya 在餐饮业中，很明显地走在了前列。

就我个人的见解而言，如果愿意的话，Saizeriya 具备把 299 日元的"主厨沙拉"等蔬菜类商品降为半价的能力。有一天，Saizeriya 以 150 日元的价格销售沙拉也没有什么可惊讶的。而我们从他们的工作方式到对农业的对策中去学习值得学习的东西才是最重要的。

由于少子化、高龄化和长期的经济低迷，很多人对日本的未来感到不安。但是，经济不景气正是机遇。因为这样容易留住优秀的人才，还可以低价购买土地和设备。而且正是在严峻的环境中，才能锻炼员工提高技术。结果，自己也就能够成为对社会有贡献并且不断发展的公司。虽然也有人说商品不好卖了，但并不是这么回事，只是需求发生了变化而已。固执于从前的销售方式，营业额自然会只减不增。对于今后要挑战新事业的人们来说，希望大家不要忘记，机会越来越多。

似鸟昭雄 (Nitori Akio)

　　1944 年出生于库页岛。1966 年毕业于北海学园大学，1967
年创办了 NITORI 的前身——似鸟家具店。1986 年将公司名称变
更为 NITORI。1989 年 NITORI 在札幌证券交易所上市，1993 年
在本州开设第一家分店。2002 年 NITORI 在东京证券交易所
上市。

"服务的细节" 系列

《卖得好的陈列》：日本"卖场设计第一人"永岛幸夫
定价：26.00 元

《为何顾客会在店里生气》：家电卖场销售人员必读
定价：26.00 元

《完全餐饮店》：一本旨在长期适用的餐饮店经营实务书
定价：32.00 元

《完全商品陈列 115 例》：畅销的陈列就是将消费心理可视化
定价：30.00 元

《让顾客爱上店铺 1——东急手创馆》：零售业的非一般热销秘诀
定价：29.00 元

《如何让顾客的不满产生利润》：重印 25 次之多的服务学经典著作
定价：29.00 元

《新川服务圣经——餐饮店员工必学的 52 条待客之道》：日本"服务之神"新川义弘亲授服务论
定价：23.00 元

《让顾客爱上店铺 2——三宅一生》：日本最著名奢侈品品牌、时尚设计与商业活动完美平衡的典范
定价：28.00 元

《摸过顾客的脚才能卖对鞋》：你所不知道的服务技巧，鞋子卖场销售的第一本书
定价：22.00 元

《繁荣店的问卷调查术》：成就服务业旺铺的问卷调查术
定价：26.00 元

《菜鸟餐饮店 30 天繁荣记》：帮助无数经营不善的店铺起死回生的日本餐饮第一顾问
定价：28.00 元

《最勾引顾客的招牌》：成功的招牌是最好的营销，好招牌分分钟替你召顾客！
定价：36.00 元

《会切西红柿，就能做餐饮》：没有比餐饮更好做的卖卖！ 饭店经营的"用户体验学"。
定价：28.00 元

《制造型零售业——7-ELEVEn 的服务升级》：看日本人如何将美国人经营破产的便利店打造为全球连锁便利店 NO.1！
定价：38.00 元

《店铺防盗》：7大步骤消灭外盗，11种方法杜绝内盗，最强大店铺防盗书！
定价：28.00元

《中小企业自媒体集客术》：教你玩转拉动型销售的7大自媒体集客工具，让顾客主动找上门！
定价：36.00元

《敢挑选顾客的店铺才能赚钱》：日本店铺招牌设计第一人亲授打造各行业旺铺的真实成功案例
定价：32.00元

《餐饮店投诉应对术》：日本23家顶级餐饮集团投诉应对标准手册，迄今为止最全面最权威最专业的餐饮业投诉应对书。
定价：28.00元

《大数据时代的社区小店》：大数据的小店实践先驱者、海尔电器的日本教练传授小店经营的数据之道
定价：28.00元

《线下体验店》：日本"体验式销售法"第一人教你如何赋予O2O最完美的着地！
定价：32.00元

《医患纠纷解决术》：日本医疗服务第一指导书，医院管理层、医疗一线人员必读书！医护专业入职必备！
定价：38.00 元

《迪士尼店长心法》：让迪士尼主题乐园里的餐饮店、零售店、酒店的服务成为公认第一的，不是硬件设施，而是店长的思维方式。
定价：28.00 元

《女装经营圣经》：上市一周就登上日本亚马逊畅销榜的女装成功经营学，中文版本终于面世！
定价：36.00 元

《医师接诊艺术》：2 秒速读患者表情，快速建立新赖关系！日本国宝级医生日野原重明先生重磅推荐！
定价：36.00 元

《超人气餐饮店促销大全》：图解型最完全实战型促销书，200 个历经检验的餐饮店促销成功案例，全方位深挖能让顾客进店的每一个突破点！
定价：46.80 元

《服务的初心》：服务的对象十人百样，服务的方式千变万化，唯有，初心不改！
定价：39.80 元

《最强导购成交术》：解决导购员最头疼的 55 个问题，快速提升成交率！

定价：36.00 元

《帝国酒店——恰到好处的服务》：日本第一国宾馆的 5 秒钟魅力神话，据说每一位客人都想再来一次！

定价：33.00 元

《餐饮店长如何带队伍》：解决餐饮店长头疼的问题——员工力！ 让团队帮你去赚钱！

定价：36.00 元

《漫画餐饮店经营》：老板、店长、厨师必须直面的 25 个营业额下降、顾客流失的场景

定价：36.00 元

《店铺服务体验师报告》：揭发你习以为常的待客漏洞　深挖你见怪不怪的服务死角　50 个客户极致体验法则

定价：38.00 元

《餐饮店超低风险运营策略》：致餐饮业有志创业者 & 计划扩大规模的经营者 & 与低迷经营苦战的管理者的最强支援书

定价：42.00 元

《零售现场力》：全世界销售额第一名的三越伊势丹董事长经营思想之集大成，不仅仅是零售业，对整个服务业来说，现场力都是第一要素。

定价：38.00 元

《别人家的店为什么卖得好》：畅销商品、人气旺铺的销售秘密到底在哪里？ 到底应该怎么学？ 人人都能玩得转的超简明 MBA

定价：38.00 元

《顶级销售员做单训练》：世界超级销售员亲述做单心得，亲手培养出数千名优秀销售员！ 日文原版自出版后每月加印 3 次，销售人员做单必备。

定价：38.00 元

《店长手绘 POP 引流术》：专治"顾客门前走，就是不进门"，让你顾客盈门、营业额不断上涨的 POP 引流术！

定价：39.80 元

《不懂大数据，怎么做餐饮？》：餐饮店倒闭的最大原因就是"讨厌数据的糊涂账"经营模式。

定价：38.00 元

《零售店长就该这么干》：电商时代的实体店长自我变革。

定价：38.00 元

《生鲜超市工作手册蔬果篇》：海量图解日本生鲜超市先进管理技能
定价：38.00 元

《生鲜超市工作手册肉禽篇》：海量图解日本生鲜超市先进管理技能
定价：38.00 元

《生鲜超市工作手册水产篇》：海量图解日本生鲜超市先进管理技能
定价：38.00 元

《生鲜超市工作手册日配篇》：海量图解日本生鲜超市先进管理技能
定价：38.00 元

《生鲜超市工作手册副食调料篇》：海量图解日本生鲜超市先进管理技能
定价：48.00 元

《生鲜超市工作手册 POP 篇》：海量图解日本生鲜超市先进管理技能
定价：38.00 元

《日本新干线 7 分钟清扫奇迹》：我们的商品不是清扫，而是"旅途的回忆"
定价：39.80 元

《像顾客一样思考》：不懂你，又怎样搞定你？
定价：38.00 元

《好服务是设计出来的》：设计，是对服务的思考

定价：38.00 元

《让头回客成为回头客》：回头客才是企业持续盈利的基石

定价：38.00 元

《餐饮连锁这样做》：日本餐饮连锁店经营指导第一人

定价：39.00 元

《养老院长的 12 堂管理辅导课》：90%的养老院长管理烦恼在这里都能找到答案

定价：39.80 元

《大数据时代的医疗革命》：不放过每一个数据，不轻视每一个偶然

定价：38.00 元

《如何战胜竞争店》：在众多同类型店铺中脱颖而出

定价：38.00 元

《这样打造一流卖场》：能让顾客快乐购物的才是一流卖场

定价：38.00 元

《店长促销烦恼急救箱》：经营者、店长、店员都必读的"经营学问书"

定价：38.00 元

《餐饮店爆品打造与集客法则》：迅速提高营业额的"五感菜品"与"集客步骤"
定价：58.00 元

《赚钱美发店的经营学问》：一本书全方位掌握一流美发店经营知识
定价：52.00 元

《新零售全渠道战略》：让顾客认识到"这家店真好，可以随时随地下单、取货"
定价：48.00 元

《良医有道：成为好医生的 100 个指路牌》：做医生，走经由"救治和帮助别人而使自己圆满"的道路
定价：58.00 元

《口腔诊所经营 88 法则》：引领数百家口腔诊所走向成功的日本口腔经营之神的策略
定价：45.00 元

《来自 2 万名店长的餐饮投诉应对术》：如何搞定世界上最挑剔的顾客
定价：48.00 元

《超市经营数据分析、管理指南》：来自日本的超市精细化管理实操读本
定价：60.00 元

《超市管理者现场工作指南》：来自日本的超市精细化管理实操读本
定价：60.00 元

《超市投诉现场应对指南》：来自日本的超市精细化管理实操读本

定价：60.00 元

《超市现场陈列与展示指南》

定价：60.00 元

《向日本超市店长学习合法经营之道》

定价：78.00 元

《让食品网店销售额增加 10 倍的技巧》

定价：68.00 元

《让顾客不请自来！卖场打造 84 法则》

定价：68.00 元

《有趣就畅销！商品陈列 99 法则》

定价：68.00 元

《成为区域旺店第一步——竞争店调查》

定价：68.00 元

《餐饮店如何打造获利菜单》

定价：68.00 元

《日本家具 & 家居零售巨头 NITORI
的成功五原则》
定价： 58.00 元

《咖啡店卖的并不是咖啡》
定价： 68.00 元

《革新餐饮业态： 胡椒厨房创始人的
突破之道》
定价： 58.00 元

《餐饮店简单改换门面， 就能增加新
顾客》
定价： 68.00 元

《让 POP 会讲故事， 商品就能卖
得好》
定价： 68.00 元

《经营自有品牌： 来自欧美市场的实
践与调查》
定价： 78.00 元

《卖场数据化经营》
定价： 58.00 元

《超市店长工作术》
定价： 58.00 元

《习惯购买的力量》
定价： 68.00 元

《7-ELEVEn 的订货力》
定价： 58.00 元

《与零售巨头亚马逊共生》
定价： 58.00 元

《下一代零售连锁的 7 个经营思路》
定价： 68.00 元

《唤起感动：丽思卡尔顿酒店"不可思议"的服务》
定价： 58.00 元

《7-ELEVEn 物流秘籍》
定价： 68.00 元

《价格坚挺， 精品超市的经营秘诀》
定价： 58.00 元

《超市转型： 做顾客的饮食生活规划师》
定价： 68.00 元

更多本系列精品图书，敬请期待！